有故事的論語

愈讀愈懂，這些千古金句背後的道理

修養・天地
篇

張瑋╳饅頭說團隊 ㊔

目錄

作者序

非常榮幸，我的這本書能在寶島出版。藉這個機會，我也想向大家報告一下我自己讀《論語》的一些經歷。我真正精讀《論語》，是在大一。那一年，我被提前招進了復旦大學，和三十三個來自全市各個市、區重點高中的同學一起，成為了一個叫「文科基地班」的學生。我們在五月就開始進校學習。第一堂課，我們的輔導員傅傑老師在做完自我介紹之後，末了拖了一句話：「我開張書單，你們先去讀一下《論語》。」

傅老師是姜亮夫先生的碩士（中國古典文獻學），王元化先生的博士（中國文學批評史），來帶我們這個班的時候才三十七歲，剛剛讀完復旦的博士後。雖然我們那個時候以一種高山仰止的表情看著他，但對他的這個要求，多少是有些不以為然的——那些「之乎者也」嗎？有什麼好讀的？

然後傅老師露出一個謎之微笑，又輕輕跟了一句：「不光要讀，還要背，要默誦，我會考。」全班嘩然。傅老師推薦的是中華書局版楊伯峻先生的《論語譯註》。那天放學後，校園旁的小書店，這個版本的書就被買完了。

雖然我也買了書，但還是很牴觸讀《論語》的。然而，寢室裡幾個同學已經讀了起來。我們都多多少少讀過《論語》，因為中小學課本中本來就收錄了不少《論語》裡的話，但如此精讀和通讀，基本上都是第一次。睡我對床的叫郭永秉，市西中學來的，平時頗喜歡在熄燈臥談時聊一些八卦，開一些玩笑，但現在每天捧著一部《論語》，勾勾畫畫；睡我斜對床的叫李宏昀，上海外國語附中來的，號稱對哲學最有興趣，但同樣也是捧著一本《論語》不放，有時還會朗讀兩句。而我發現，班上的女同學們，也開始讀起了《論語》——有時候在課間，還能看到她們翻出來讀。

難道大家不是應該等到考試前幾天，再突擊看這種枯燥的書的嗎？而且，傅老師開了一批的書單，為什麼大家都對這本書那麼感興趣（我自己先讀的是《萬曆十五年》）？

人還是有從眾心理的，我也只能翻出嶄新的《論語譯註》，抱著一定要「啃」下來的心態，開始硬著頭皮讀了起來。那時候讀書，喜歡一邊讀一邊標記，我記得《論語》上面不少空白之處我做了標記，而有的其實是純感慨：「有道理！」、「真有道理！」一遍讀完，只有一個感覺：這本書我讀晚了。

必須要為自己當初的無知和愚昧感到羞愧。

作為一本中國儒家文化集大成的「十三經」中最具特殊地位的書，其實《論語》從漢代開始就一直是小學生的必讀書目。這也就意味著，這本書裡的所有語句，早就成為讀書人的基礎語言，隨著時間的演進，開枝散葉，代代相傳，成為華夏文明延續數千年不中斷的重要原因。認真通讀了《論語》，我才知道，原來平時我們那麼多的格言、典故、成語和道理，都是出自《論語》。我們中的不少人，可能真的未必讀過《論語》，甚至會覺得《論語》迂腐，但其實我們一直在用《論語》裡的成語，在秉承《論語》裡的理念，在踐行《論語》裡的價值觀，甚至給孩子取的名字也來自《論語》。

舉個最簡單的例子：《論語》全書不過一萬六千多字，放到大開本的日報上，兩個整版就能登完，但就是這一萬六千多個字，光我們現在常用的成語就有一百多個出自這裡，比如「溫故知新」、「侃侃而談」、「適可而止」、「見義勇為」、「不恥下問」、「如履薄冰」、「戰戰兢兢」、「任重道遠」，以及我們都知道的「欲速則不達」、「四海之內皆兄弟」、「不在其位不謀其政」、「工欲善其事必先利其器」這些俗語，甚至連「生死有命，富貴在天」這種話，居然也是出自《論語》（〈顏淵篇〉）——我小時候一直以為這是香港古惑仔電影裡的臺詞。我們只是「日用而不知」罷了。

所以，在若干年後的一次班級同學聚會上，我萌發了這樣一個念頭：既然我們都後悔當初沒早點讀《論語》，既然當初學《論語》的我們都已為人父母，孩子也都已長到了可以讀一些傳統文化經典的年紀，那為什麼不重新梳理下《論語》，寫一本給孩子看的《論語》書呢？

之所以要重新梳理一遍《論語》，因為實事求是地說，這本書針對的是八歲到十五歲左右的孩子們。在這個年齡階段的孩子，應該讀一些《論語》了，但不太可能完全理解《論語》，因為整部《論語》，真的是值得用一生去慢慢參透感悟的。所以，就必須用年輕人可以理解的語言，為他們做一些梳理和挑選，分析和解讀。

那麼又一個問題來了：孩子能從這本書裡學到什麼？或者，我們希望他們學到些什麼？

我覺得可能至少有以下五點：

有一個態度。比如對「學習」的態度。《論語》裡的那句「學而時習之，不亦樂乎」，究竟該怎麼理解？為什麼說「學習是件快樂的事？」

學一種方法。比如學習的方法。「學而不思則罔，思而不學則殆」，到底說明了「學習」和「思考」之間的什麼關係？為什麼「溫故」才能「知新」？

知一些典故。《論語》裡有那麼多的成語，「三月不知肉味」背後的故事是怎樣的？「登堂入室」原來是用在哪裡的？

懂一點道理。這其中有做人的道理：「仁者愛人」，為什麼說「仁」的一大表現就是要有「同理心」，會「換位思考」？「君子」為什麼不分男生和女生？為什麼說「不學禮，無以立？」也有處世的道理：為什麼要「身先士卒」？怎麼才算「君子之爭」？到底該不該「以德報怨」？

寫一手文章。當然，我們不排斥考試的功利性：如果孩子真能知道那麼多成語，瞭解那麼多典故，說得出那麼多道理，我就真不信：會寫不出一篇漂亮的作文？

我相信這本書，是能夠做到這五點的。

這本書其實是一個團隊的努力成果。除了我之外，總顧問是傅傑老師——當年那位讓我們讀《論語》的輔導員。傅傑老師的論語課在復旦大學上了二十年，深受各個專業的學生歡迎，在整個學術圈都是非常有名的，他本人也是這個領域的權威。

指導顧問，就是當年一個寢室裡和我一起讀《論語》的李宏昀。他精讀《論語》，後來選擇了哲學方向，從復旦大學哲學系本科畢業，讀了碩士，最後讀出了哲學博士。他為這本書傾注了大量的心血。還有一個專家顧問小組，也是我的兩位大學同學。一位是我寢室同學郭永秉，他碩士選擇了中文系方向，導師就是傅傑老師，博士選擇了歷史方向，導師是朱維錚先生。後來他就成了復旦大學中文系最年輕的正教授，現在從事出土文獻和古文字研究。另一位專家是女同學，沈文婕。她後來本科選擇的中文方向，碩士就投身到了復旦哲學系的懷抱，畢業後成為了一位教師——她現在是上海交通大學附屬中學（上海傳統的「四大金剛」、最好的四所市重點中學之一）的語文教研組組長。

《有故事的論語（學習．處世篇）》、《有故事的論語（修養．天地篇）》兩本書的架構，分為四個部分，由淺入深，由小見大：「學習」—「處世」—「修養」—「天地」。

在這個大框架下，《有故事的論語》兩本書共有三十四講，總共五二八頁，三十三萬字，其中，引用《論語》原文七十六段；引用故事和典故八十七個；引用成語和俗語一百三十一個；引用其他文獻的原文四十五段；介紹古今中外人物七十六位；引用其他文學和影視作品三十八個。本書還有一個特點，是我請了專業的插畫師，畫了一百九十一張插畫，用於講解《論語》裡的典故和知識。從之前的經驗來看，插畫非常受歡迎，也成為了加深記憶的一個關鍵切入點。

有一次，我去湖南長沙的一所小學做分享。在分享會上，我問孩子們，你們知道，為什麼中華文明被稱為「沒有中斷的文明嗎？」孩子們一臉興趣，都很想知道。

我舉了舉手上的《論語》說：「這就是一個很好的例子。」我告訴他們，你們有沒有想過，這是一件何等奇妙的事：我們現在讀的這本書，和兩千五百多年前的中國古人們讀的書，是一模一樣的。換句話說，兩千五百多年前這個叫孔子的人寫的書，我們現在依舊看得懂，讀得懂，而書中的那些做人的道理、常用的成語和處世的原則，也影響了我們兩千五百多年，至今仍被我們奉為經典，甚至走出國門，深刻影響了東亞和東南亞，乃至成為整個世界文化的重要組成部分。

這是一件何等奇妙的事。錢穆先生曾說過一句話：「中國讀書人應負兩大責任，一是自己讀論語，一是勸人讀論語。」願用這句話，作為這篇序言的結尾，與各位共勉。

是為序。

二〇二一年八月二十八日於上海

前言

親愛的讀者們，大家好呀！

在開始我們的《論語》漫遊之旅之前，我先向大家介紹一下我自己。

我的真名叫張瑋，網名叫饅頭大師。如果我們以後有機會在現實生活中見面的話，大家可以叫我饅頭叔叔。

說到這兒，我想你們可能會問：為什麼你叫「饅頭」呢？是不是特別喜歡吃饅頭，或者擅長做饅頭呢？

說實話，我真的挺喜歡吃饅頭。不過，我是上海人，在上海，不管麵糰裡有沒有餡，我們都叫「饅頭」，不把有餡的叫包子。如果這個饅頭是肉餡的呢，我們就叫「肉饅頭」；菜餡的呢，我們就叫「菜饅頭」。

不過，我叫「饅頭」不是因為我喜歡吃饅頭，而是因為我以前養過一條小狗，牠的名字叫「饅頭」，所以，我就叫「饅頭大師」啦，就這麼簡單。

在這本書裡，你會透過我的講述，了解一些關於《論語》的故事——沒錯，這本書裡關於《論語》的知識點都會圍繞一個個故事來進行，希望你們在看故事的同時，了解老祖宗傳下的這部《論語》裡的一些名句，以及背後的一些道理。如果你們學了以後能夠用在自己寫的文章裡、說的話裡，甚至表現在平時的為人處世中，那就是最好不過的事。

此外，我會根據每一講的內容，把最主要、最關鍵的知識重點總結出來，便於大家隨時查閱和複習。必須要說一句的是：我們「饅頭家族」會「出演」《有故事的論語》。

「饅頭家族」不僅有饅頭，還有包子、餃子、湯圓、粽子、麵條。他們會在這本書中，出演各種角色，而且，他們每個都有自己的性格特點。我在這裡賣個小關子，先不介紹，相信隨著他們出場次數的漸漸增多，你們能夠看出他們每個人的性格特徵。

好啦！閒話少說，接下來，就請大家跟我一起進入《論語》的世界吧。

修養篇

第一講

信任是社會的傳動軸

我曾經講過，「德」是本書中最重要的一環。

今天我們先要講的，就是一個和「德」息息相關的字——「信」。「信」可以解釋為「信用」，也可以解釋為「信任」，這些詞都是彼此之間有關聯的。

我對「講信用」最初的印象，來自一個故事。這個故事，其實我相信你們應該都聽過，就是《狼來了》。

這個故事說，有一個放羊的孩子，放羊時感到無聊，就騙大人說「狼來了」。大人們紛紛趕來幫這放羊的孩子，然後知道自己被這孩子騙了，被騙幾次後就不再相信他。有一天狼真的來了，放羊的孩子大喊「狼來了」，可誰也不相信他，沒有人來幫他，最後孩子和羊都被狼吃掉。

《狼來了》這個故事出自古希臘一本叫《伊索寓言》的書。我小時候聽這個故事，覺得結尾有點嚇人，但明白了一個道理：不要說謊，要做個誠實的人。因為說謊會讓你失去別人對你的信任，一旦失去信任，你就再也無法和別人合作，更無法指望別人來幫助你。

其實，對於放羊的孩子以及任何人來說，失去別人信任的後果都是嚴重甚至可怕的。對於國家統治者來說，就更是如此。

下面，就來說一個這樣的故事。這是一個發生在中國歷史上的故事，叫作「烽火戲諸侯」，堪稱中國版的「狼來了」。當然，大家現在對這個故事的真實性還有爭論，但故事說的道理是沒錯的。

這個故事的主人公，不是尋常的放羊孩子，是周朝的天子周幽王。

話說周幽王娶了個美貌的妃子，叫褒（ㄅㄠ）姒（ㄙˋ），對她寵愛無比。褒姒雖然生得豔如桃李，卻冷若冰霜，進宮以來從沒有笑過一次。周幽王每天想的就是如何能讓褒姒開心地笑一下，可褒姒就是不笑。為此，周幽王出重金懸賞：誰能引得我這個愛妃褒姒一笑，賞金千兩。

這時有個奸臣，替周幽王想了個餿主意。什麼主意呢？就是點燃烽火臺。烽火是什麼？它是古代的軍事示警信號。大家都知道，古代沒有手機，沒有網路，沒有電話，也沒有電報，距離遙遠的話如何傳遞訊息呢？烽火就是其中一種。當時的西周為了防備一個叫犬戎的蠻族部落的騷擾，在首都附近的驪山一帶修築了二十多座烽火臺，每隔幾里地就有一座。一旦犬戎來侵犯，首先發現情況的哨兵就會立刻在臺上點燃烽火，鄰近烽火臺看到之後也會相繼點火，向附近的諸侯報警。諸侯見了烽火，知道京城告急，天子有難，就會起兵勤王，趕來救駕。

而奸臣的主意就是：令烽火臺平白無故點起烽火，引得諸侯前來白跑一趟，用這辦法逗褒姒笑。

昏庸的周幽王居然採納了這個建議，馬上帶著褒姒登上驪山烽火臺，命令守兵點燃烽火。一時間，狼煙四起，烽火連天。各地諸侯一見警報，以為犬戎打過來了，果然都帶領本部兵馬急速趕來救駕。他們到了驪山腳下，連一個犬戎兵的影子也沒有見到，卻聽到山上傳來一陣陣奏樂和唱歌的聲音，一看是周幽王和褒姒高坐在臺上飲酒作樂。周幽王派人告訴諸侯們說：辛苦大家啦！這裡沒什麼事，不過是本王和王妃在放煙火玩耍。諸侯們這才知道被戲弄了，懷怨而歸。

褒姒看到千軍萬馬召之即來、揮之即去，如同兒戲一般，十分好玩，禁不住嫣然一笑。周幽王大喜，那奸臣得到了千金賞賜。在此之後，周幽王多次戲弄諸侯取樂。漸漸地，就造成了一個後果。什麼後果呢？就是諸侯們再也不相信他了。

幾年後，犬戎這個部落真的大舉來犯，周幽王驚慌失措，急忙命令烽火臺點燃烽火。烽火倒是燒起來了，可是諸侯們因為之前受過愚弄，這次誰也沒有理他。京城的守軍怨恨周幽王昏庸，不滿將領經常剋扣糧餉，也都不願效命。犬戎兵一到，守軍勉強招架了一陣就一哄而散。犬戎兵蜂擁入城，周幽王倉皇逃竄，死在亂軍之中。就這樣，西周王朝滅亡了。

你們看，周幽王弄虛作假，愚弄臣子，不守信用，結果招來怨恨，這樣下去，即使沒有犬戎入侵，他的好日子也不會長久，因為誰樂意為這樣不守信用的主公效忠呢？沒有人效忠辦事，一個君主難道能夠靠自己獨力守住大好江山？

所以，從「狼來了」和「烽火戲諸侯」的故事可以看出，為自

已樹立一個值得信任的形象，是我們在社會中和人打交道的必要前提。無論對於普通人還是統治者來說，都是如此。《論語》中有這樣一段話，用非常鮮明的形象說明了「信任」在社會中的重要地位：

子曰：「人而無信，不知其可也。大車無輗（ㄋㄧˊ），小車無軏（ㄩㄝˋ），其何以行之哉？」

大家請注意，古人說的「大車」，特指牛車；「小車」呢，特指馬車——總之都是牲口拉的車。「輗」和「軏」是什麼呢？是車上的重要零件。大家想像一下，在車的前面，有一根橫放的桿子，把牲口羈絆住，這根桿子叫作「車衡」；與車衡垂直的桿子叫作「車轅」，車轅向後連接著車子的主體。車衡和車轅必須連在一起，這樣牲口前進的時候才能帶動整個車子，而《論語》中說的「輗」和「軏」，就是把車衡和車轅垂直連接在一起的裝置，它們把牲口提供的動力傳遞到整輛車子，讓車衡、車轅有一定的靈活轉動的餘地——這種裝置在牛車上叫「輗」，在馬車上叫「軏」。其實，「輗」

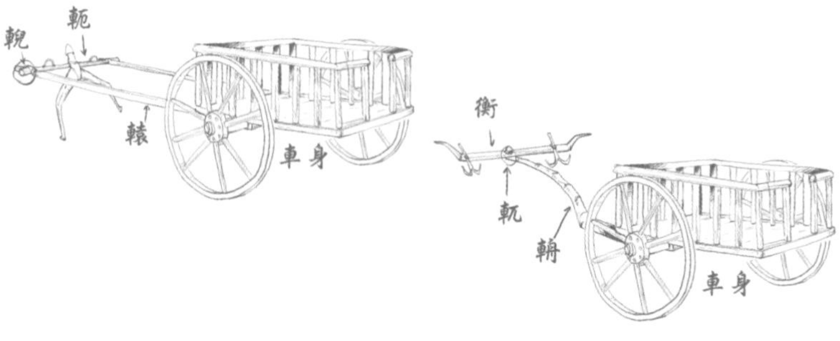

和「軏」就相當於現在汽車上的傳動軸，它把發動機提供的動力傳遞到車輪上，這樣汽車就能跑了。

所以，孔子他老人家這句話，不妨這樣來翻譯：

「人和人之間倘若沒有信任，我就不知道他們能做什麼了。正如車上沒了傳動軸，怎麼能跑得起來呢？」

我們把孔子這話進一步總結，就是今天要講的主題：信任是社會的傳動軸。

這兩個故事都是關於個人信用問題的，那麼信任是如何成為整個社會的傳動軸呢？

不妨這樣看：社會是由一個個人所構成，人與人之間有了信任才能夠合作，人類的合作構成社會，促成社會的進步，信任作為傳動軸，把大家的力量整合在一起，使得每個人在與他人合作的同時，保持一定程度的自由，並發展自己感興趣的特長。

在我們的日常生活中，幾乎每時每刻都浸透著人與人之間的信任，只是我們未必意識到罷了。一旦某個環節上的信任破裂了，我

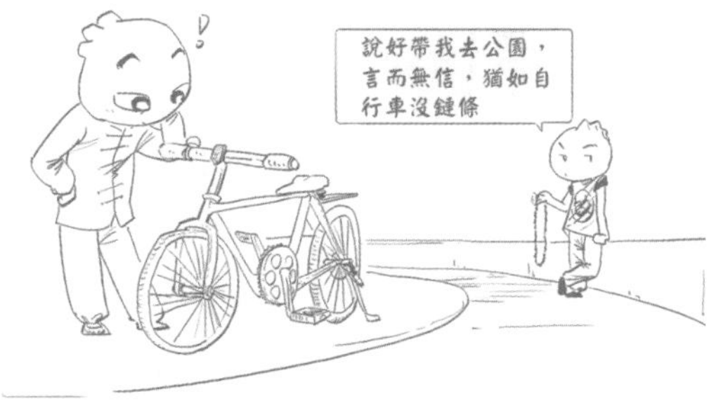

們立刻就會感受到不便，甚至會寸步難行。

舉個例子吧。例如很多已經開始工作的人，他們每天早出晚歸地工作，有一個很重要的原因，就是他們相信自己的工作成果可以換來報酬——也就是貨幣，簡單點說就是錢。而且大家還相信，只要他們拿著錢到商店裡，就可以買到所需要的商品，還相信別人賣給他們的商品品質是有保障的，足以滿足他們的生活需求，並且安全無害。

同樣的道理，商家為什麼願意把商品賣給顧客呢？因為商家相信顧客給的貨幣是真的，而且相信自己可以拿著這些貨幣從另外的人那裡滿足自己的需求。

但大家有沒有想過，一張百元的紙幣，它的成本是多少？再怎麼樣，也不值一百元吧？但為什麼我們會把一張紙當作一百元來用呢？背後很重要的一點就是我們的信任。我們信任發行這張百元紙幣的銀行，信任整個金融流通的體系和機制，信任國家和政府。

那麼，一旦這個信用破產，會怎麼樣呢？我來告訴大家，會非常可怕。

一九四八年到一九四九年這段時期，當時的政府曾經發行過一種叫「金圓券」的貨幣，但當時的政府不講信用，只要一缺錢，就開機器不停印刷這個金圓券，然後讓老百姓來買單。結果造成金圓券大貶值，貶值到什麼程度呢？當時一百三十萬元金圓券只能買到一粒米，是的，你沒看錯，就是一粒米！

當時，有一位老太太提著一籃子金圓券去買菜——你們看，買菜都已經需要提一籃子的錢了。老太太走到路上肚子痛，就把籃子放在廁所門口去上廁所，出來一看，你們猜發生什麼事？籃子被人偷走，但籃子裡的錢撒了一地，根本沒人撿，因為那一籃子的錢還沒這個籃子值錢。

大家聽了是不是覺得不可思議？但這是真實發生過的事情，就是因為政府的信用破產，導致它發行的貨幣成了一堆廢紙。

所以，請大家想像一下：倘若有一天，我們不再信任這個貨幣—商品體系，我們的生活會變成什麼樣子呢？

到那時，我們就沒心情做手邊的工作了，因為它無法兌換糧食和衣服，當時發行金圓券的時候就是如此，商店裡有商品也不肯賣，因為賣商品收到的金圓券就是一堆廢紙。所以，在完全失去信任的情況下，我們只能自己動手、豐衣足食，可是即使成功做到這一點，我們的生活水準也降低退回到原始人的程度，因為沒有一種大家都信任的貨幣用來進行交換。於是，我們的社會很可能就會慢

慢退回到原始社會。

由此可以看出，在當今社會，之所以可以安心發展自己的特長、做自己感興趣的工作，是因為這個社會已經有極大規模的合作與分工，而合作與分工的基礎就是信任。能夠信任他人、與他人合作，人就不需要親力親為地滿足自己的多種需求。如此一來，人就有了一定程度的自由，可以專注於某項專門的技能：你可以專門製造汽車，我可以專門做麵包，他可以專門開飛機。於是，各種專門的技能都有機會得到深度發展，並且都有機會參與社會的合作，這就是分工。正是在這樣的合作與分工過程中，社會發展起來，大家的生活水準都提升了。倘若沒有分工與合作，人類連原始社會都走不出來。這就是孔子他老人家說的：「人而無信，不知其可也。」

當然，就像前面提到的，在貨幣－商品這個體系中，至關重要的不僅僅是人與人之間的信任，還有人對制度的信任、對制定制度的政府的信任。說到制度和政府，這又和統治者、領導者有關了。

有的時候，領導者可以透過實際行動，向大家證明制度是可

靠、值得信任的。在關鍵時刻，這樣的行動有可能立竿見影地凝聚起人心、促成大家通力合作。下面這個故事，說的就是這一點。

這故事差不多就發生在孔子的時代。春秋末年，齊國遭到晉國、燕國的侵襲，齊軍大敗，國君齊景公為此寢食不安。於是，丞相晏（ㄧㄢˋ）嬰向齊景公推薦了一名人才——田穰（ㄖㄤˊ）苴（ㄐㄩ），說他有將才，能夠率領齊國軍隊克服困境。

順便一提，這位齊相晏嬰是位了不起的人物，他就是大名鼎鼎的「晏子」，大家在書中肯定看過他的故事。而在這個故事中呢，主角是田穰苴。

齊景公聽了晏嬰的推薦之後，和田穰苴討論軍國大事，非常開心，立刻任命他為將軍。田穰苴說：「我出身平民，人微言輕，士兵們不容易服從我。希望您能派一位您寵信的大臣來協助我監督軍隊，這樣才行。」齊景公答應了這個要求，派了一個叫莊賈（ㄍㄨˇ）的寵臣做監軍。

田穰苴向齊景公辭行後，便和莊賈約定：「明天正午在軍營門口會合。」第二天，田穰苴率先趕到軍營門口，立起計時用的木表和漏壺，等待莊賈。而莊賈這人呢，一向很驕傲，認為自己很得齊景公的寵愛，覺得率領的是自己的軍隊，自己又是監軍，用不著特別著急。當時還有親戚朋友為他送行，挽留他喝酒。

時間已經到了正午，莊賈還沒有到。田穰苴就收拾起計時器具，進入軍營，巡視營地，休整軍隊，宣布各種規章號令。等他部署完畢，太陽都快落山了，莊賈才姍姍來遲，到達軍營門口。

田穰苴說：「為什麼約定了時刻，你還要遲到？」

莊賈表示歉意地解釋說：「朋友親戚們為我送行，所以耽擱了。」

田穰苴說：「身為將領，從接受命令的那一刻起，就應當忘掉自己的家庭；擂鼓進軍，戰況緊急的時刻，就應當忘掉自己的生命。如今，戰士們在前線賣命，國君寢食不安，全國百姓的安危都維繫在你我身上，還談得上什麼送行呢！」

說著，田穰苴把軍令官叫來，問道：「軍法上，對約定時刻遲到的人是怎麼規定的？」

軍令官回答說：「應當斬首。」

莊賈一聽就慌了，心想你來真的啊？於是，趕緊派人飛馬報告齊景公，請他搭救。結果，報信的人還沒回來，莊賈就已經被田穰苴下令斬首，而且田穰苴還把莊賈的首級拿出來向三軍示眾。大家看到齊景公最寵愛的大臣被斬首，都震驚了。

過了好長時間，齊景公派的使者才拿著國君的信物來赦免莊賈。馬車飛奔直入軍營，田穰苴說：「將領在軍隊裡，國君的命令有時可以不接受。」

然後，他又問身邊的軍令官：「駕著馬車在軍營裡奔跑，軍法上是怎麼規定的？」

軍令官說：「應當斬首。」使者一聽，嚇得瑟瑟發抖。

田穰苴說：「國君的使者不能斬首。」

於是，他就把使者帶來的僕從斬首了，還殺死一匹駕車的馬，並再次向三軍示眾。隨後，田穰苴把使者放回去向齊景公報告，自己率領大軍出發了。

一路上，田穰苴號令嚴明，和士兵們同甘共苦。士兵們士氣高漲，爭先恐後地要為國而戰。在這樣的聲勢下，晉國、燕國望風而撤，田穰苴就這樣收復了淪陷的領土，率軍凱旋。

看完這個故事，是不是覺得田穰苴將軍二話不說就斬殺君主的寵臣、自己的同僚，有點殘酷？不知大家聽沒聽過「軍令如山」這四個字？意思就是，在軍事行動中，法令、法規高於一切，必須得到百分之百遵守和貫徹。

因為在戰場上，只有大家都嚴格遵守命令和約定，才有信心相

信友軍會在約定的時間出現在約定的地點。田穰苴嚴格執行軍法、斬殺國君的寵臣，正是為了確立起大家對軍令、軍法的信任，而可以信任的制度是將士們彼此信任的基石。有了「信任」這個傳動軸，主將的謀劃才能盡量不折不扣地傳遞到每一位士兵的行動上；將士們才有可能配合默契，實現高效率的分工與合作，以求在盡可能減少自身傷亡的前提下贏得戰爭。

所以，作為一位將軍，田穰苴嚴格執法的舉動貌似殘酷，實際上卻是對自己統率的部下們最大的仁慈和善意。同樣，今天的我們能夠充分信任貨幣─商品體系、享受合作與分工帶來的便利，也離不開國家的「有法必依」為人民保駕護航。

| 本講重點 |

烽火戲諸侯

【原文】褒姒不好笑，幽王欲其笑萬方，故不笑。幽王為烽燧大鼓，有寇至則舉烽火。諸侯悉至，至而無寇，褒姒乃大笑。幽王說之，為數舉烽火。其後不信，諸侯益亦不至。

【出處】《史記．周本紀》

【典故】西周時，周幽王為博褒姒一笑，點燃了烽火臺，戲弄諸侯。次數多了，諸侯們都不相信了，也就漸漸不來了。後來犬戎攻破鎬京，殺死周幽王，周幽王的兒子周平王即位，開始了東周時期。現在史學界判定烽火戲諸侯並非西周滅亡的原因，甚至可以說這個故事根本就是編造的。但這個典故提醒我們一個人講信用的重要性。

本講重點

信任是傳動軸

【原文】子曰：「人而無信，不知其可也。大車無輗，小車無軏，其何以行之哉？」

【出處】《論語．為政》

【釋義】人類相互之間倘若沒有信任，我就不知道他們能做什麼了。正如車沒了傳動軸，怎麼能跑得起來呢？

【理解】我們把孔子這話進一步總結、提煉，就是：信任是社會的傳動軸。

軍令如山

【出處】《三國演義》，元末明初小說家羅貫中創作的長篇章回體歷史演義小說。

【釋義】軍隊裡的各種指令、規定，就像一座大山一樣不可動搖。

【理解】行軍打仗，一定需要嚴明的紀律做保障，而這種保障，其實是建立在信任之上的。這種信任，在軍隊中可能比較明顯，但在學校、公司等各種機構裡，其實也很重要。

第二講

身先士卒，持之以恆

上一講，我們說了關於「信任」的話題。關於「信任」，我們從普通人的美德說起，然後說到了團隊、軍隊，又上升到治理國家的層面。不知道你們看到現在，有沒有發現一個現象：《論語》裡有不少談及治理天下的話題。我們在《有故事的論語〔學習‧處世篇〕》第一講就提過一句古話：「半部《論語》治天下。」當然，這句話多少運用了一些誇張的修辭手法，但也確實證明，《論語》裡有不少關於治理天下的內容。

其實，我們之前討論過的詩、禮、音樂、體育以及為人處世等各方面的內容，包含的道理和實際操作不少都和治理國家、治理天下有關。所以，現在特地來討論一個和管理國家、治理天下直接相關的話題：

身為一個團隊的領導者、帶領人，想要帶領大家同心協力、走向勝利，必須具備怎樣的美德和素質？

讀到這，可能有的人會說：「哎呀，我又不是國家領導人，幹麼要關心這些問題呢？」

不能這樣想。不知道大家是否聽過一句話：「天下興亡，匹夫有責。」

國家的強大與興盛，和我們每個人都有關。我們借《論語》多了解一些關於國家政治的故事和道理，肯定對自己將來的見識和眼界有幫助。

就先來看一段《論語》原文吧，這段話說的是我們的老朋友子路在向老師求教：

子路問政。子曰：「先之，勞之。」請益，曰：「無倦。」

在這裡，「先之」中的「先」，意思和「身先士卒」中的「先」是一樣的，就是要帶頭去做、身體力行，發揮好榜樣模範作用。「勞之」，重點在於和大家一起做，和百姓同辛勞，不辭勞苦。「無倦」，就是照上面說的一直做下去，不厭倦、不懈怠。

把這段話翻譯出來，大致是這個意思：

子路向孔子請教怎樣治國理政。孔子說：「要自己帶頭去做，要和大家一起努力、不辭勞苦。」

子路請求老師再多講一些。孔子說：「就照這樣做下去，不厭倦、不懈怠。」

這句話，說得直白一點，就是作為團隊帶領人，作為領導者，如果希望老百姓做什麼事，那就要做出表率、帶頭做，這就是榜樣的力量，也叫以身作則。甚至在大家都沒有方向的時候，領導者要率先找到正確的方向，然後帶著大家一起克服困難、不斷向前。

在這裡，我想講一個故事，這個故事的發生地點不是中國，而是鄰國日本。

故事的發生時間是他們的「戰國時代」。日本的戰國時代是很精采的，有點像中國的春秋戰國時期，但更像三國時代。從時間上說，日本進入戰國時代的時候，我們已經處於明朝時期了。

在日本戰國時代，有一場著名的戰役，叫「桶狹間之戰」，主人公是一個叫織田信長的大名。這個「大名」，大家就當作「一國

的諸侯」來理解。

織田信長這個人非常強悍，也很有個性，當時差點統一了全日本。但在這個故事發生的時候，織田信長還只是一個叫「尾張」的小地方的小諸侯，能夠動員的全部兵力加在一起，也就是四千人左右。而我們要說的「桶狹間之戰」，正是織田信長走向日本霸主的第一步。

當時，日本東部有一位實力強勁的主公叫今川義元。今川義元當時動員了大概二萬五千人的大部隊一路西進，直指京都（當時日本的首都），目標是稱霸日本。而織田信長的領地尾張剛好位於今川義元西進的路上。在今川義元眼中，織田信長或許連一個對手都算不上，只不過是路上要順手消滅的一個小障礙。可是對織田信長家族而言，他們面對的卻是一場事關生死存亡、沒有任何退路的決戰。

當時，今川義元的軍隊勢不可當地直撲織田家的主城清洲城。「主城」，大家可以理解為一個諸侯國的首都。織田信長在清洲城內召開軍事會議，部下們大多主張堅守清洲城，拚到最後一刻。但織田信長認為，在當前局勢下，堅守清洲城等於坐以待斃，唯一的辦法就是奇襲，對敵軍的大部隊採取「斬首行動」。什麼叫「斬首行動」？就是一舉消滅敵方主將今川義元本人，這樣才能夠一舉翻盤。

織田信長想明白之後，說了一句「夜深了，大家各自退下吧」，就結束了整個軍事會議。

然後，他就帶著幾個少年喝酒、跳舞。當時打仗，雙方在對方那裡都有諜報人員。諜報人員傳信告訴今川義元，說織田信長只是飲酒作樂，所以今川義元就判定，織田信長是束手無策、自暴自棄了。

第二天清晨，根據己方諜報，織田信長早早起床，唱了一首歌：「人間五十年，與天相比，不過渺小一物；看世事，夢幻如水。任人生一度……」

然後，他跳了一段舞。跳完之後，織田信長抛下樂器、穿上盔甲，吞下一碗茶泡飯，就跨上坐騎趕往戰場。當時跟隨他的，只有五位貼身部下。

織田信長的軍隊裡頓時就傳開了一個消息：「主公已經出戰。」聽到消息後，織田信長的部下立刻召集自己的人馬，紛紛跟上織田信長。據日本的史書記載，當時織田信長身後的隊伍已經擴大到二百多人。

織田信長帶領著這隊人馬，一路根據情報搜索今川義元大本營的位置。此時，織田方面的小部隊和今川義元的部隊也發生過遭遇戰，但織田的部隊紛紛敗退，今川的部隊依然耀武揚威地一路西進，渾然不知己方主將的位置已經漸漸被鎖定了。而此時，織田信長身後的隊伍，已經擴大到一千人以上。

正午時候，織田信長得到確切情報：今川義元的本隊約五千人，已經在一座名為「桶狹間」的山上布陣。「本隊」，就是一支軍隊主帥所統率的貼身親衛部隊。當時，織田信長身後的部隊不到二千人。他對身後不到二千的士兵說：

「大家聽好！敵人從昨天晚上開始，屢經苦戰，已經是強弩之末。我軍以逸待勞，豈有不勝之理！無須斬取敵人首級，只要迅速突破，消滅敵方大將。出發！」

打仗這事情，要天時、地利、人和。當時時間剛過中午，桶狹間一帶忽然下起大雨。暴雨聲掩蓋了織田信長部隊的行蹤，而正在做戰鬥準備的今川義元部隊紛紛離開原來的位置避雨。於是織田信長的部隊像從地裡冒出來一樣，直接衝進今川義元的大營中。今川義元的本隊沒有心理準備，倉促之間根本抵擋不住織田部隊的猛烈突擊。沒過多久，今川義元被織田信長的侍從斬殺。織田軍迅速退出戰場，當晚就回到了清洲城。失去主將的今川義元部隊紛紛潰散。織田信長憑著這一戰，迅速建立優勢，走出了制霸日本的第一步。

一場發生在日本戰國時代的奇襲戰說完了，有沒有覺得有點刺激、有點精采？我們回過頭來看這場「桶狹間之戰」，織田信長的出其不意是前提，天降大雨是條件，但最終取得戰爭勝利的一個重要因素，大家有沒有發現？

沒錯，就是從戰爭一開始到結束，織田信長作為一軍之帥，身先士卒衝在前面。在敵強我弱的局面下，這種行為更能感染周圍的人，用自己的實際行動帶給大家必勝的信念。

織田信長的這種行為，可以用一個成語來形容，就是「身先士卒」：一個將領帶兵打仗，如果自己以身作則、奮勇當先，那他手下的士兵也一定會受到鼓舞，和他一樣勇敢殺敵。

而這個道理，其實就是《論語》中孔子說的那兩個字：「先之。」

當然，「桶狹間之戰」發生在織田信長勢力還比較弱小的時候，他沒有退路，只能孤注一擲。他勢力強大之後，就不會做這樣的事了。因為作為一軍的統帥，也要把握「先之」的分寸。就像現代戰爭一樣，不到萬不得已的特殊情況，軍長和師長是不可能衝上第一線的，不是說他們不勇敢，而是他們有更重要的指揮職責，不能輕易犧牲。

治理國家，甚至治理天下，也是這個道理。

我們有時候在新聞裡看到領導者親自帶頭上街植樹、打掃什麼的，不能簡單用一句「作秀」來說。每一層級的領導者都有自己的職責，如果事事要親臨第一線，不僅沒有必要，反而會誤事。

一場戰役或許可以靠一時的身先士卒、以身作則把握戰機，最終克敵制勝，但和打仗比起來，治國理政是長期的作為了。「先之」固然重要，但「勞之」和「無倦」的重要性更不容忽視，那就是：和大家一起努力、不辭勞苦，處境再艱難也不厭倦、不懈怠，持之以恆。

在繼續這段《論語》原文的後面部之前，還是先來講個故事。這個故事不是中國人寫的，我們不妨把它叫作「丹柯的故事」，這個故事來自俄羅斯作家高爾基（Maxim Gorky）寫的一篇短篇小說，名字叫《伊則吉爾老婆子》。

故事說的是在很古很古的時候，有一個部落的族人被敵人趕進了森林深處，當時他們前面三面都是森林，背後那面又有凶殘的敵人在追趕。

森林的生存環境非常惡劣，地面上到處是危險的沼澤，而天空則被糾纏在一起的密密層層的樹枝遮住，難得有陽光穿過。沒有陽光的時候，到處陰暗潮濕；而當陽光落在泥沼的水面上時，就會升起有毒的沼氣，人們因此接連死去。大家當時面臨的處境就是：往後退，是又強又狠的敵人；往前進，是連綿不斷的森林，誰也不知道還要走多遠的路才能走出這片險惡的森林。面對未知的前途，人們開始膽怯了，有不少人準備向敵人投降，把自己的自由獻給敵人。因為死亡的威脅和對於未知的恐懼已經搞得大家身心俱疲，以至於奴隸的生活倒不那麼可怕了……就在這時，一位名叫丹柯的年輕男子站出來。

這位名叫丹柯的年輕人對大家說：「為什麼我們要把力氣浪費在憂愁和悲傷上呢？什麼事都不做的人是不會得到任何好結果的。起來，往前走吧！我們會穿過林子，林子是有盡頭的，世界上的一切都是有盡頭的！我們走！嘿！喂！走啊……」

大家看著丹柯眼睛裡閃動的力量和烈火，就對他說：「你來領導我們吧！」

丹柯同意了。大家打起精神跟他走，大家相信他。但前途是艱難的。四週一片黑暗，泥沼像無數張開的大嘴，時時刻刻都有可能把人吞下去。到處糾纏著的枝枝椏椏，簡直每一步都在消耗著人們的血和汗。他們走了很久，樹林越來越密，氣力越來越小。有人開始抱怨丹柯，說他年輕沒有經驗，無法把大家帶領到別處去。可丹柯還在前面披荊斬棘地走著，快樂而安詳。

然而，密林上空下起了大雷雨。這些渺小的人們在雷電聲中向前摸索。樹木搖搖晃晃，像巨人般發出軋軋的響聲，就像巨人哼著憤怒的歌。閃電在頭頂上飛舞，彷彿一張時隱時現的巨網要把人們罩住。人們疲乏透頂，勇氣全失。可是他們不好意思承認自己的軟弱，就把怨氣出在丹柯身上。

他們對丹柯說：「你啊！你這個無足輕重的人！你領導我們，把我們弄得筋疲力盡！你這個有害的人！你該死！」

丹柯回答：「是你們讓我領導你們的！我有勇氣，所以我來領導你們！可是你們呢？你們做了什麼對自己有益的事情呢？你們只是走，卻不能保持勇氣來走更長的路。你們只是走，走，像一群綿羊……」

這些話使得人們更加生氣了。「你該死！該死！」他們大聲嚷道。

這時候，電閃雷鳴，丹柯望著大家，怒火在胸膛中燃燒起來，又因為憐憫人們熄滅了。丹柯愛大家，願意繼續帶領大家尋找出路。

丹柯想：「我還能夠為這些人做什麼呢？」

忽然，丹柯伸手抓開自己的胸膛，把自己的心臟拿了出來，高高舉過頭頂。整個樹林都安靜下來，大家都嚇呆了，彷彿變成石頭一樣。

「我們走吧！」丹柯大聲嚷道。他高高地舉著那顆燃燒的心，為人們照亮道路，自己領頭向前奔去。於是，人們都像著了魔似的跟著他向前衝。眾人都被燃燒的心這樣的奇異景象給吸引住，勇敢地跑著。一路上也有人死亡，可是死的時候沒有抱怨，也沒有眼淚。而丹柯一直在前面，他的心一直在燃燒、燃燒。

終於，森林彷彿在他們面前分開，又在他們身後合攏，濃密而沉默。他們身後的密林上空依然電閃雷鳴。可是他們已走出森林，站在連綿起伏的大草原上。勇士丹柯望著眼前這片自由的土地，驕傲地笑起來。隨後，他倒在地上，死了。

歡呼著的人們並沒有注意到他的死，甚至有人不小心踩在他那顆掉落在地的心上面。不過，丹柯那顆燃燒的心並沒有熄滅，它迸散出無數藍色的小火星。多少年過去了，時至今日，每當雷雨將至之時，它就在大草原上、在黑暗中閃閃發光。

這就是「丹柯的故事」。這個故事有點像神話史詩，因為「逃離或戰勝危險的大森林，探索安全、自由的樂土」，屬於遠古時代人類先輩們的共同記憶。從某種角度上說，這個故事為孔子教導的「先之，勞之，無倦」提供了生動的寫照。

有一句話叫：「篳路藍縷，以啟山林。」

「篳路」，意思是用樹枝編成的大車，也就是簡陋的車；而「藍縷」呢，相當於現在說的「衣衫襤褸」，就是破爛的衣服。「以啟山林」，就是去開闢大森林，把它開闢成適合人類生存、繁衍的樂土。「篳路藍縷，以啟山林」出自一本古書，叫《春秋左傳》，又叫《左傳》，講的是楚國的先王率領著楚人，在自然條件險惡的荊山開發荒山野林、艱苦創業，經過五十多年的艱苦奮鬥，楚國的疆土不

斷擴大，財富日益增多，軍事實力也不斷增強，成為江漢一帶（就是今天的湖北省中南部）霸主。現在，大家可以用「篳路藍縷」這個成語來形容艱苦創業。

無論是在高爾基的「丹柯的故事」中，還是「篳路藍縷」這個成語的典故中，我們都看到一點：身為艱苦創業的領導者，「先之、勞之、無倦」顯然都是必須具備的本質。

丹柯這位勇敢的少年，你當然可以說他是某種理想的領袖形象的化身。但更確切地，他是某一類美德的結晶，這一類美德的適用性遠遠超出「領導者」的角色範圍。我覺得，《論語》中還有一句話用來概括丹柯身上的美德也非常貼切。這句非常有名的話是孔子的高徒曾參說的：

曾子曰：「士不可以不弘毅，任重而道遠。仁以為己任，不亦重乎？死而後已，不亦遠乎？」

這裡的「士」，其實可以理解為「擔當事情的人」。大家是否還記得，我們之前講過「君子」，「士」和「君子」可以被看作一體兩面，都是指做人的某種標準和要求：「君子」側重於內在的素養，而「士」則側重於擔當事情，為某一項事業負責。

怎樣才能成為一個足以擔當事業的「士」呢？按照曾參說的，做到「弘」、「毅」。「弘」，就是心胸寬大，像丹柯那樣，在遭到埋怨、憎恨的時候，依然對大家懷著悲憫和愛；「毅」，就是性格剛毅，對於認定的目標，有勇氣克服困難、持之以恆。

我們說過，「仁」是孔門學問的核心。「仁」的意思是心靈敏銳而寬廣，和他人、世界息息相通。把「仁」當成自己的責任，這是「士」對於自己的最高要求。「死而後已」也是常用的一個成語，意思就是：直到死亡的那一刻才把責任放下，也就是堅持到底。

我們把曾參的這段話翻譯出來，大致是這樣：

身為一個擔當事業的士，你必須心胸寬大、性格剛毅。因為你的責任重大，路途遙遠。把仁當成自己的責任，難道不重大？直到死亡的那一刻才把責任放下，難道不遙遠？

我們不妨再回過頭來回想一下「丹柯的故事」。「仁以為己任」、「死而後已」，就好比是燃燒自己的心，照亮自己並照亮人類。

如果你們會為這樣的故事、這樣的話語而感動，這就說明，這份心靈的火光至今都沒有熄滅。我們每一個人，無論年齡多大，從事什麼職業，都可以為守護、傳承這星星之火，盡一份自己的責任。

先之，勞之

【原文】子路問政。子曰：「先之，勞之。」請益，曰：「無倦。」

【出處】《論語．子路》

【釋義】子路向孔子請教怎樣治國理政。孔子說：「要身先士卒，帶頭去做；要和大家一起努力，不辭勞苦。」子路請求老師再多講一些。孔子說：「就照這樣做下去，不厭倦、不懈怠。」

【理解】作為團隊的帶領人、領導者，希望老百姓做什麼事，你就要做出表率，帶頭做成什麼樣，這就是榜樣的力量，也叫以身作則。甚至，在大家都沒有方向的時候，作為領導者，要率先找到正確的方向，然後帶著大家一起克服困難，不斷向前。

身先士卒

【原文】當敵勇敢，常為士卒先。

【出處】《史記．淮南衡山列傳》

【釋義】最初是指打仗時將領帶頭衝在士兵的前面，現在也用來比喻一個團隊的領導者，自己帶頭，為群眾做出示範。

天下興亡，匹夫有責

【思想提出】明代思想家顧炎武，「保國者，其君其臣肉食者謀之；保天下者，匹夫之賤與有責焉耳矣。」出自《日知錄・正始》。

【八字總結】近代思想家、政治家、教育家梁啟超：「夫以數千年文明之中國，人民之眾甲大地，而不免近於禽獸，其誰之恥歟？顧亭林曰：天下興亡，匹夫之賤，與有責焉已耳！」出自《飲冰室合集》。

【含義】天下的興亡與每個人的利益有關，所以每個百姓都有義不容辭的責任。

篳路藍縷

【原文】訓以若敖、蚡冒，篳路藍縷，以啟山林。

【出處】《春秋左傳・宣公十二年》

【釋義】篳路，用荊竹樹枝編製成的大車，或者叫作柴車；藍縷，即「襤褸」，破爛的衣服。意思是就地取材製成車子，穿著破衣服，去開發荒山野林，艱苦創業。

【理解】原文是說楚國的先王率領著楚人，經過五十多年的艱苦奮鬥，成為江漢一帶的霸主。現在多用「篳路藍縷」這個成語來形容艱苦創業。

士不可以不弘毅

【原文】曾子曰：「士不可以不弘毅，任重而道遠。仁以為己任，不亦重乎？死而後已，不亦遠乎？」

【出處】《論語．泰伯》

【釋義】曾參先生說：「身為一個擔當事業的士，你必須心胸寬大，性格剛毅。因為你的責任重大，路途遙遠。把仁當成自己的責任，難道不重大？直到死亡的那一刻才把責任放下，難道不遙遠？」

【理解】「士」和「君子」可以被看作一體兩面，都是指做人的某種標準和要求：「君子」側重內在的素養，而「士」則側重於擔當事情，為某一項事業負責。

任重道遠

出處同「士不可以不弘毅」。任重道遠現在是一個很常用的詞語，形容做一件事責任重大，要經過長期的奮鬥。

死而後已

出處同「士不可以不弘毅」。之所以被更多人知道，其實是大名鼎鼎的諸葛亮把這四個字寫進他著名的《出師表》，就是「鞠躬盡瘁，死而後已」，形容為完成一種責任而奮鬥終生，不辭辛苦地貢獻自己的一切，到死為止的精神。

第二講

做人的格局

提個問題：在《論語》中，除了「仁」這個字出現得比較多之外，還有什麼字或詞出現得也挺多的？沒錯，就是「君子」這個詞。

什麼是「君子」？在《有故事的論語〔學習．處世篇〕》講過這個問題，無論男女，如果達到境界，都可以成為君子。因為君子的特徵有兩個，和性別無關：

第一，君子看重自身內在修養的修煉，不在意外在的虛榮浮華；

第二，君子心胸開闊，對人類懷有善意的信任，對未來抱有善意的希望。

這兩點都側重內心的道德品格。而最近的幾講，我們講的都是治理國家大事方面的內容，那麼問題來了：君子作為一個人的內心修養，在投身到外在世界的實際運作中，表現是什麼樣的呢？在《論語》中，就有這樣一句話來表現：

子曰：「君子不可小知，而可大受也。」

這裡的「知」，就是欣賞、鑑別的意思。「君子不可小知」，意思是你不要從小的地方來鑑別君子，要從大處著眼。大家請注意，這話的意思並不是說「君子用不著做小事」。

在《有故事的論語（學習．處世篇）》就談到過，有人誇獎孔子能耐多、什麼都會，孔子謙遜地回答：「我究竟擅長什麼呢？我還是擅長駕駛馬車吧。」由此可見，孔子和他的弟子們不會忽略小事。「君子不可小知」的關鍵在於，你不要僅僅從「擅長駕駛馬車」、「擅長射箭」這類事情上鑑別一個君子，就算把這種事情都做得很好，也未必稱得上一個君子，對於君子有更高層次的要求。

什麼是更高層次的要求呢？就是「大受」，意思是「接受大任務」。

我們把這句話翻譯出來，大致是這樣的：

孔子他老人家說：「一個君子，不可以從小事情上去鑑別他，君子是可以接受大任務的。」

說到這裡，我就想和大家談一個詞，這個詞可能你們在報紙上、新聞裡，或者從其他人嘴裡聽過，叫「格局」。什麼叫格局？格局大致包括一個人的器量、胸襟、看待事情的眼界等等。孔子這句話，用現代語言簡單概括，就是這一講的標題要表達的：做人，要有大格局。

大家已經知道，君子重視自身的內在修養，不在意虛榮浮華，心胸開闊，善意待人。所以君子可以「人不知而不慍」。其實，做到這些，已經堪稱很有「格局」了。不過，「格局」表現在處理實際事務上，會是什麼樣子？

下面，我們來講個故事，這個故事可能不少人都聽過，我們就再一起重溫一下，溫故而知新。這個故事發生在戰國時代，說的是戰國時代的趙國上卿藺相如。

「上卿」是一個官位，在戰國時代相當於宰相，是一個很高的官位。而藺相如是憑藉自己的本事做到這個官位的，他在多次外交活動中為趙國挫敗秦國的陰謀，保護了趙國的形象。今天要說的，是藺相如被封為上卿之後的故事。

話說趙國還有一個名將，叫廉頗。藺相如被封為上卿，官做得比廉頗還要大，廉頗就不高興了。他說：「我作為一名大將，這地位是靠攻城野戰掙來的。而藺相如他靠什麼，只不過是能說會道罷了。現在竟然地位比我還高，我可不服氣。而且藺相如這人出身低賤，我絕對不能容忍他壓在我頭上。要是遇上藺相如，我非得羞辱他一番不可！」

這話傳到了藺相如的耳朵裡，他沒有生氣，反而故意避免和廉頗相會。有一次，藺相如外出，遠遠看到廉頗，就叫人掉轉車子躲開。結果，藺相如的門客們可不高興了。「門客」在春秋戰國時期比較盛行，一般有錢有地位的人都會養一群人，這群人平時靠主人供養，主人有問題或有危難的時候，他們就會各自想辦法出力，這群人就叫作門客。

話說藺相如掉轉車頭躲避廉頗，藺相如的門客就不滿意了，他們聚在一起對藺相如說：「我們大老遠地來追隨你，是因為仰慕你是個英雄豪傑。如今，你地位不比廉頗低，廉頗說你壞話，你不去懟他就已經是給面子了，竟然還躲著他，這也太懦弱了吧？我們這些人都沒臉再追隨你了，讓我們散了吧！」

藺相如堅決地挽留他們，說：「我問你們，廉頗將軍和秦王相比，誰更厲害？」

眾人說：「秦王比廉頗不知道厲害到哪裡去了。」

藺相如說：「我在秦王面前尚且談笑風生，羞辱他的群臣，你們想，難道我會害怕廉頗將軍嗎？但是我想到，強大的秦國之所以不敢欺負趙國，就是因為有我和廉頗將軍兩個人在啊。如今我們兩個人要是龍爭虎鬥，必有一傷。如此一來，秦國就高興了，趙國就危險了。所以你們看，我在他面前退讓一下，有沒有道理？」

這話傳到廉頗將軍耳朵裡，廉頗恍然大悟，心悅誠服。他為了表示抱歉，脫掉自己的上衣，赤著膊，背起荊條，到藺相如門前，意思是承認自己有罪，請藺相如用荊條抽打自己。廉頗誠懇地說：「我真是個粗野的人，沒想到您的胸懷如此寬大，考慮問題如此長遠！」

從此以後，藺相如和廉頗成了生死與共的好朋友。藺相如和廉頗能夠盡釋前嫌，成為好伙伴，是什麼發揮了關鍵作用？沒錯，就是「格局」。

藺相如當然是有大格局，這個很明顯，但廉頗將軍就沒有嗎？他能夠立刻認同藺相如的觀點，二話不說就上門道歉，這說明他的格局也是不小的。

順道一說，這個故事被後人總結成一個成語，就是我們都知道的「負荊請罪」。

藺相如和廉頗的故事，讓我想起蘋果公司創辦人史蒂夫·賈伯斯說過一句很有意思的話：「我特別喜歡和聰明人在一起工作，因為這樣最大的好處是不用考慮他們的尊嚴。」

這句話乍聽起來有點怪怪的，我們每個人都有尊嚴，難道不需

要考慮嗎？在這裡，我們要弄清楚兩個概念。

一是賈伯斯所說的「聰明人」是指什麼人？我覺得，他說的不僅僅是腦子聰明的人，更是指知道自己的目標、有自己格局的君子。

而「尊嚴」，並不是指我們一般意義上理解的底線或原則——這是任何人都不能冒犯的。賈伯斯說的「尊嚴」，我認為是指一些面子上的事，或虛榮心。

例如我指出你在工作上的一個問題，有時候可能因為時間緊迫，忘了說一句「謝謝」或「請」，或者口氣比較直接，但你能夠知道我是在談工作，而不是故意不照顧你的面子，這樣雙方工作起來效率就比較高。就像藺相如在意的是趙國內部不要爆發衝突，大家好齊心協力、抵禦外侮，而廉頗能立刻領悟到這個道理是一樣的。

只要你擁有這樣的格局，早晚會找到志同道合的伙伴，而對方也更願意和你一起共事、交友和生活。

所以有一句話叫作：「你的格局有多大，你的舞臺、你的生活世界就能有多廣闊。」

不過，這裡還是要提醒一句：我們說要有格局，要不計較細節，要重視更加遠大的事情，並不是叫你不顧廉恥、不擇手段地去追求成功，這是原則和底線問題，是絕對不能越過的。相反，有格局的君子，總能守住自己的原則和底線，看中自身內在的修養，不去在意外在的虛榮浮華。所以，我們不要看君子好像無慾無求，不太在乎一些我們覺得面子上很重要的東西，那是因為他們不需要他人的讚許和承認，他們內心有別人奪不走的東西。

做人的格局，可以像藺相如那樣身居高位、心胸寬廣，但事實上，未必都要做大官才能顯示出大格局，有些人能堅持自己的底線，選擇自己想要的生活和道路，也是一種格局的表現。

又要說一個故事。這個故事出自《戰國策》，這本書在《有故事的論語〔學習．處世篇〕》中介紹過，是一本記錄戰國時代二百四十年左右歷史的書。而這個故事，就發生在戰國時代。

話說在戰國時代的齊國，有一天，齊宣王召見了一位民間人士，名字叫顏斶（ㄔㄨˋ）。在大殿上，齊宣王傲慢地說：「顏斶，上前來！」

顏斶不為所動，反而回了一句：「大王，上前來！」

齊宣王很不高興，就質問顏斶：「你敢叫我上前來？我問你，是我這做王的尊貴，還是你這個民間人士尊貴？」

顏斶立刻回答：「當然是我這個民間人士尊貴，你不尊貴。」

齊宣王倒覺得有點稀奇，就問他：「嗯？你為什麼這麼說？有根據嗎？」

顏斶說：「當然有！從前秦國攻打齊國，下命令說：『有人膽敢靠近柳下季的墓地砍柴，一律死罪，絕不赦免！』（柳下季是當時一位著名的思想家。）秦國後來又下一道命令說：『如果有人能夠斬獲齊王的頭顱，賞金兩萬兩！』你看，齊國君主的頭顱也就值兩萬金，而靠近平民身分的柳下季的墳墓，是要被砍頭的。由此可見，活著的君王的頭顱，還不如死去的賢士墳墓尊貴。」

齊宣王聽到這話後，感慨地說：「是啊，我怎麼可以不尊重賢士呢？真是自取其辱啊！我希望顏先生收我為弟子，同我往來出遊，頓頓吃牛羊魚肉，出門必有車馬，你的妻子兒女都穿上華麗的衣服。」

顏斶斷然謝絕，說：「這樣的生活不安逸，我寧願回去。餓了才吃到食物，美味勝過魚肉；走路步伐悠閒，穩當賽過乘車；沒有羈絆，就當富貴；無憂無慮，快樂逍遙。」說完，顏斶對齊宣王拜了兩拜，就飄然而去。

在這個故事中，我們看到齊宣王聽了顏斶幾句話就完全放下身段，而顏斶卻彷彿根本不屑於和君王為伍。這是怎麼回事呢？因為在《戰國策》描述的戰國時代，國與國之間的爭鬥已經異常激烈，爭奪的最寶貴資源是什麼？不是金子，不是土地，不是軍隊，而是人才。套用一句以前經常聽到的電影臺詞：「戰國時代最寶貴的是什麼？是人才！」

作為一國之君，如果不尊重人才，人才就會被別國挖走；如果得不到人才的支持，國君在競爭中失敗了，就很容易死無葬身之地。顏斶有意無意地說到「齊王的頭顱」，這剛好擊中了齊宣王的心事。而對於「人才」來說呢，想要跟隨哪個國君都可以，想要歸隱山林逍遙自在，國君也奈何不了他。

所以，顏斶這個人可以笑傲王侯，並不是因為他狂妄自大，更不是因為他有多麼大的權勢、多麼硬的後臺，而是因為他理解整個形勢，並且對於自己要不要參與當今的政治遊戲有清楚的判斷。所以，他能夠活得自由瀟灑，這是由他胸中的大格局作底子的。

其實，《論語》中有好幾段，說的就是這種「自由選擇生活道路」的大格局。我們先來看這一段：

子曰：「富而可求也，雖執鞭之士，吾亦為之。如不可求，從吾所好。」

這裡說的「執鞭」，就是指拿著鞭子駕駛馬車之類的事，屬於當時社會上認為比較「下等」的工作。「從吾所好」，就是根據自己的喜好來，愛做什麼就做什麼。這段話的字面意思不難理解，我們先翻譯出來。

孔子他老人家說：「像富貴啊、成功啊之類的目標，倘若可以

追求的話，即使需要我拿著鞭子趕馬車，我也願意做。倘若不可以追求呢，那我還是做自己喜歡的事情吧。」

大家有沒有覺得孔子他老人家還是挺接地氣的？

不過，這段話的微妙之處在於：「可求」和「不可求」究竟指什麼？有沒有更加具體的區分標準？例如說，是不是符合道義的就是可以追求的，不符合道義就是不可以追求的？或者，純粹從能力來說，這是我能夠追求到的還是追求不到的？又或者說，這目標符合我的能力和興趣，就是可以追求的，不然就屬於「不可求」？

孔子的原話沒有講得更具體，只能靠我們自己理解。

不過，我覺得有一點還是挺值得注意，那就是孔子的心態是蠻開放的：他並不藐視富貴，但也不把富貴看成唯一值得追求的目標。為了追求富貴，做一些在社會看來比較「下等」的工作也沒什麼不可以，沒必要端著架子。但是，究竟這富貴是「可求」還是「不可求」呢？孔子沒有講出具體的標準，所以每一位君子不妨自己來判斷。人生中的選擇和決斷，這是一個大問題，我們會繼續說。

再來看這句「從吾所好」。做自己喜歡的事情，意味著做這件事本身使自己快樂，無論這事情是不是通向富貴或成功。這一層意思，在《論語》的這段話中表達得更明白：

子曰：「飯疏食，飲水，曲肱（ㄍㄨㄥ）而枕之，樂亦在其中矣！不義而富且貴，於我如浮雲。」

這裡的「飯」是動詞，意思就是「把什麼當飯吃」。「疏食」，指粗糙的食物。「曲肱而枕之」，就是彎起胳膊當枕頭。這段話翻譯出來大致是這樣：

孔子他老人家說：「吃著粗糙的食物，喝著清水，彎起胳膊當枕頭睡，這樣也很快樂了。用不道義的手段得來的富貴，對我來說就像天邊的浮雲一樣，不會放在心上。」

《論語》中的這一段話和上一段是相互呼應、相互補充的。「不義而富且貴」，當然屬於上一段說的「不可求」的富貴。但是正如前面所說，「不可求」還可以包含其他的意思：屬於你的富貴，積極地去爭取；不屬於你的富貴，就視為天邊的浮雲。能夠做到這一點，你的格局就不會小。關鍵在於，如何判斷這富貴是「可求」還是「不可求」，是屬於你還是不屬於你的。要想做出高明的判斷，離不開胸中的大格局。

「飯疏食，飲水，曲肱而枕之，樂亦在其中矣」這話，就是對「從吾所好」的延伸。在前面那個故事中，顏斶先生說的話，其實是類似的意思。

孔子和顏斶先生擁有的，就是在平凡的生活中隨時感受快樂的能力。

談錢並不可恥，只談錢才是有問題的。假如你是一個善於感受快樂的人，就不會把社會上定義的「成功」或「富貴」視為唯一值得追求的目標，不會讓自己的想像力畫地為牢。只有這樣，才沒有人可以把現成、設計好的價值標準或人生遊戲強加給你。

插上想像的翅膀，由你自己定義的人生遊戲可以擁有更多、更廣闊的可能。這就是自由的心境給你帶來的大格局。打開自由大門的鑰匙有很多，其中的一把，就是孔子說的「從吾所好」。

小知，大受

【原文】子曰：「君子不可小知，而可大受也。小人不可大受，而可小知也。」

【出處】《論語．衛靈公》

【釋義】孔子說：「一個君子，不可以從小事情上去鑑別他，君子是可以接受大任務的。」

【理解】做人，要有大格局。你的格局有多大，你的舞臺、生活的世界就能有多廣闊。我們有時候說「細節決定成敗」、「細節看人品」，這和大志向、大格局並不矛盾，而是相輔相成的。

負荊請罪

【原文】「廉頗聞之，肉袒負荊，因賓客至藺相如門謝罪。」

【出處】《史記．廉頗藺相如列傳》

【釋義】背著荊杖，表示服罪，向當事人請罪。

【理解】現在用來形容主動向人認錯、道歉，給自己嚴厲的責罰。

自由選擇生活：從吾所好

【原文】子曰：「富而可求也，雖執鞭之士，吾亦為之。如不可求，從吾所好。」

【出處】《論語．述而》

【釋義】孔子說：「像富貴、成功之類的目標，倘若可以追求的話，即使需要我拿著鞭子趕馬車，我也願意做。倘若不可以追求，那還是做我自己喜歡的事情吧。」

【理解】用不著藐視富貴，也用不著把富貴視為唯一值得追求的目標。我們要具備自由選擇生活道路的大格局。

安貧樂道

【原文】子曰：「飯疏食，飲水，曲肱（ㄍㄨㄥ）而枕之，樂亦在其中矣！不義而富且貴，於我如浮雲。」

【出處】《論語．述而》

【釋義】孔子說：「吃著粗糙的食物，喝著清水，彎起胳膊當枕頭睡，這樣也就很快樂了。用不道義的手段得來的富貴，對我來說就像天邊的浮雲一樣，不會放在心上。」

【理解】屬於你的富貴，積極地去爭取；不屬於你的富貴，就視為天邊的浮雲。能夠做到這一點，你的格局就不小。善於感受快樂的人是自由的，廣闊的人生屬於這樣的人。

第四講

知進退，懂取捨

在前面幾講裡，我們討論了和治理國家有關的幾個話題。

大家有沒有這樣一個感受：治理國家固然是一件令人尊敬的事業，但其間的操心和操勞非同小可。在漫漫歷史長河中，「治理國家」這條線索貫穿起了多少可歌可泣的故事，但又有多少可笑可嘆的故事。這些故事發生的舞臺，其實不只是中國，也是遍及人類整個文明社會。就說說中國吧。在古代，政治舞臺的中心就是高高在上的朝廷，是國家政權所在的地方。我們對這個舞臺中心有一個特別的稱呼——「廟堂」。

和「廟堂」相對應的，也有一個詞，就是「江湖」。我們這裡說的「江湖」，並不是大家看武俠書裡的「江湖」——那個充滿快意恩仇、打打殺殺的江湖。這裡說的「江湖」，主要就是指遠離政治中心的民間。

北宋文學家范仲淹的名篇〈岳陽樓記〉中就有一句是這麼說的：居廟堂之高則憂其民，處江湖之遠則憂其君。意思就是在朝廷中做官時，就為百姓擔憂；處在遠離朝廷的偏遠地方時，則為君主擔憂。

我們知道，在古代透過科舉考試做官，是絕大多數讀書人的夢想，也是他們唯一的出路，所以有句話叫「萬般皆下品，唯有讀書高」。而做官，就是進入「廟堂」的第一步。但是，「廟堂」不是那麼好待的地方。很多情況下，你想著造福天下百姓，卻往往身不由己地捲入權力爭鬥的遊戲。空度一生、鬱鬱不得志也就算了，很多人還會因此丟掉身家性命。

所以，如何在「廟堂」和「江湖」之間做出選擇，或者說，人生應該如何在關鍵時刻做出選擇，其實是一個大問題。

孔子一直執著地想改善這個世界，但即便是他，有時候也會覺得廟堂中的遊戲沒什麼意義，想退一步海闊天空。《論語》中有這樣一段文字，記錄了孔子的心境。

子曰：「道不行，乘桴（ㄈㄨˊ）浮於海。從我者，其由與？」

子路聞之喜。

子曰：「由也，好勇過我，無所取材。」

這裡的「道不行」，可以理解為「我的理想行不通」。「桴」，是指小木筏，水上的小型交通工具。「從」表示跟隨，「其」意思是大概，「與」表示疑問。「由」指的就是著名的孔門弟子，姓仲名由，字子路。「過」意思是超過。「無所取材」的解釋有好幾種，這個放到後面說。

《論語》中的這段話，字面意思翻譯出來大致是這樣：

孔子說：「我的理想要是行不通，就坐著小木筏漂洋過海吧。會跟隨我的，大概就是仲由了吧？」

子路聽了可高興了。

孔子他老人家說：「仲由這孩子比我還勇敢。」

這段對話，其實很有意思。

在孔子生活的年代，「海」是一個神祕的存在，海的另一邊究竟有什麼，根本就沒人知道。所以，孔子說要漂洋過海，更多的只是一種象徵。象徵什麼呢？就是遠離塵囂，到沒人知道的地方去。從這個意義上說，這個海和「江湖」的意思倒是有點像。這裡插一句，人類對廣闊未知的事物，往往喜歡用帶「水」的東西來形容，例如：太陽系所在的星系，叫「銀河」；

以前有一部日本小說叫《銀河英雄傳說》，裡面有一句著名的臺詞現在還被經常引用，就是「我的征途是星辰大海」。

那個時代的「海」，就是人類能想到的最遙遠廣闊的盡頭了。如果放到現在，孔子可能會說：「地球真沒勁，我還是坐飛船去半人馬星座吧。」

然後，孔子又說了一句：「無所取材。」

「材」這個字，古往今來，各路學者有各種解釋，總結下來主要是三種。

第一種解釋，「材」就是木材，意思就是「仲由這孩子比我勇敢啊，但是沒有造木筏的木材啊」！

第二種解釋，「材」通「裁判」的「裁」，意思是「仲由這孩子很勇敢啊，就是不能裁度事理」。就是說子路太激動、太偏激。

第三種解釋，「材」通語氣詞「哉」，就是不亦快哉的「哉」。意思就是「仲由這孩子比我還勇敢，但這沒什麼可取的啊」！

關於「材」怎麼解釋，一直存在爭議，但這不是我們說的重

點，就不詳細說了。從這一點可以看出，中文博大精深，同樣一句話、一個字，大家可以根據上下文判斷出不同的意思。

而且，不管這三種解釋取哪一種，其實都不違背整段話表達的意思，那就是：孔子並不是真的要出海，他只是說說而已。為什麼這麼說呢？

孔子當然是個有血有肉的凡人，難免會有心灰意冷的時候。發發牢騷可以，但他內心深處，還是有分寸感和尺度的。什麼時候該進一步，什麼時候該退一步，相信孔子內心一直是有把握的。

一個人在關鍵時刻做出怎樣的抉擇和判斷，最終還是和他的閱歷、判斷和內心的堅持有關係。像孔子這樣，他選擇的是堅持，也就是「進」，那有沒有人選擇「退」呢？當然有。

我們下面就來講一個故事。這個故事，發生在西漢初年。西漢的開國皇帝漢高祖劉邦有一個弟弟叫劉交。劉交在年輕的時候，曾經和魯國的穆生、白生、申公這三個人一起學習《詩經》，和他們是師兄弟關係。當時，劉邦還沒有打下天下。後來，劉邦當了皇帝，弟弟劉交就被封為楚王。穆生、白生和申公這三位劉交的師兄弟，就當上了楚王劉交身邊的中大夫，可以參政議政。

話說穆生這個人酒量不好，所以楚王劉交在宴請大家的時候，就會特意給穆生安排酒精濃度很低的甜酒。過了一些年後，劉交的孫子劉戊（ㄨˋ）繼承王位。一開始，劉戊也會為穆生準備好甜酒，但後來慢慢地就忘了這件事。穆生立刻感受到這個細節，就對另兩個師兄弟白生和申公說：「現在甜酒沒有了，大王倦怠了，我們可以散了，不然會沒有好下場的。」

申公和白生這兩位師兄弟勸他說：「你難道不念著他爺爺和我們的交情嗎？一杯酒的事，何至於就散了呢！」

穆生說：「他爺爺懂得師友的情分，所以厚待我們，這是做人的道理。現在的大王怠慢我們，忽略了師友的情分，這就是忘記做人的道理。既然他忘記做人的道理，我怎麼還能和他相處下去呢？這可不是一杯酒的小事啊。」

於是，穆生毅然決然地飄然離去，就此在歷史中消失了身影。而那個新的楚王劉戊果然脾氣越來越壞，放縱暴戾。留下來的兩個師兄弟申公、白生在勸諫他的時候觸怒了他，竟然被他找個罪名捆起來，送去勞動，差點連性命都丟掉。

這個故事裡的穆生，從不經意的小事就能判斷出人的性格傾向，而他一旦做出判斷，就果斷地行動，遠離了是非之地。

其實，當時的古人心目中有一門很重要的學問，就表現在對形勢的判斷上。穆生的師兄弟中公刑滿釋放之後，覺得自己判斷不準確就是因為學問不精，非常慚愧。後來，中公就在老家繼續讀書、傳授弟子、鑽研學問，成了一個很有名的大學問家。

知進退、懂取捨，其實是一門很高深的學問，而且它往往是和克服自己的內心慾望連在一起的。像這個故事裡選擇留下來的白生和申公，雖然後來吃盡苦頭，但運氣其實算好的，他們畢竟保住了性命。回看歷史，有多少人在得意時不肯見好就收，不知進退，不懂取捨，結果連性命都丟掉了。

在《有故事的論語〔學習．處世篇〕》的「亂世操盤手」這一講中，講過那位臥薪嘗膽、奮發圖強，終於滅掉吳國、實現復仇的越王勾踐，這位越王勾踐最終打敗了吳王，成為春秋霸主。而越王勾踐在完成復仇大業的過程中，有一位重要的幫手，也是他的部下，這個人的名字叫范蠡，是一個著名的人物。

越王勾踐在成就霸業之後，很多和他一起打天下的人，想的都是如何開始好好享受因此得來的獎賞和地位。而這位范蠡，卻馬上

開始考慮另一件事：趕緊退休。這是為什麼？

范蠡其實很了解越王勾踐的為人：這個人很堅忍，但同時很刻薄。換句現在的話來說，就是「可以同患難，但不能共富貴」。所以，范蠡決定儘早離開越王，遠離政治權力的中心。

但是，畢竟輔佐越王那麼久了，范蠡多多少少還是念及舊情，二話不說就一走了之，要說實話有點於心不忍。於是，范蠡寫了一封信給勾踐，想藉此看看勾踐的態度。

信上是這樣說的：「我早就信奉這個道理：當臣子的，應該為主公擔憂的事情盡心盡力；倘若主公受了侮辱，當臣子的拚死也要為主公雪恥。當年主公您在會稽兵敗受辱，從那時候起我就豁出這條命，為的就是完成報仇雪恨這件大事。如今心願已了，我就算死了也不遺憾。」

字裡行間，流露出要走的意思。越王勾踐也不傻，就回信給范蠡說：「你給我留下，我的王國分一半給你。敢不乖乖留下，就要你的命！」

真是一副「霸道總裁」的口氣，但范蠡就此確認了自己的判斷。於是，范蠡就在某一天不辭而別，遠走高飛了。

范蠡在走之前，還悄悄寫信給自己的好朋友文種，讓他也快點走。文種是誰？他也是幫助越王勾踐打敗吳國的一名大功臣。

范蠡在給文種的信裡寫了一句話，叫：「飛鳥盡，良弓藏；狡兔死，走狗烹。」

什麼意思呢?就是「飛鳥打盡了，彈弓就被收藏起來；野兔捉光了，獵狗就被殺了煮來吃」。范蠡是想藉此勸自己的好朋友文種，敵國滅掉了，謀臣就會被廢棄或遭害。以越王的為人，只可和他共患難，不宜與他同安樂。

文種看了范蠡的信，不敢不信，但又不肯全信，結果他採取折中的辦法：託病不去上朝，也不遠走高飛。但是，由於文種的方針策略和越王有衝突，沒多久，越王到文種家裡看望他，臨走時留下一把劍對他說：

「你曾經幫助我出過七個打敗吳國的計策，我只用三個就成功了，你手裡還有四個計策沒用，那你就幫我去地下打敗吳王夫差吧！」這句話什麼意思?就是讓文種去死啊!

文種當然聽明白越王勾踐的話，在越王離開後，他很後悔沒有聽范蠡的話，最終拿起劍自殺。

而范蠡呢?此時他已經找了一個地方隱居，據說就是西湖。傳說他當時身邊還帶了古代「四大美女」之一的西施，她特別喜歡西

湖。宋代文學家蘇軾不是還有句詩嗎：「欲把西湖比西子，淡妝濃抹總相宜。」這個西子，就是指西施。

話說范蠡後來活得相當的瀟灑，做生意也很成功，成功到富甲天下，後代做生意的人都會供奉他的塑像，尊稱他為「財神」。

而在《史記》中，描述范蠡的隱退用的是這樣一句話：「乃乘扁舟，浮於江湖。」

大家不妨回想一下，「浮於江湖」和孔子的「乘桴浮於海」，是不是有異曲同工之妙？很有可能因為史記的這句話，「江湖」一詞逐漸成為中國古人心目中自由的所在，承載起無數美麗的傳奇。

我們看到，在這個故事裡，范蠡和文種恰恰是兩個截然相反的例子。文種猶豫不決，最終惹來殺身之禍，而范蠡當機立斷，最終還過上了自己追求的生活。

當然，在很多時候，人未必是不知道進退，而是處在他的位置上，已經身不由己了。

我再說一個故事，這個故事的主人公，就是大名鼎鼎的韓信。

熟悉楚漢相爭那段歷史的人應該知道，漢王劉邦後來之所以能夠打敗西楚霸王項羽，有一個部將發揮了相當大的作用，這個人就是韓信。

所以劉邦在平定天下之後，就封韓信為齊王，後來又改封他為楚王——給韓信封王，可見劉邦是非常看重他。但是，韓信的能力實在太強、威信又高，難免引起劉邦的猜忌。後來劉邦找了個藉口，把韓信貶為淮陰侯。

心懷不滿的韓信後來準備起兵謀反，最終被人用計策騙進宮中殺掉了，而出這個騙韓信計策的人，就是蕭何——那個當初「月下追韓信」，把韓信追回來讓劉邦大膽啟用他的蕭何。所以有個成語叫「成也蕭何，敗也蕭何」。

我們現在看韓信這個故事，可能會感嘆他沒能像范蠡那樣功成身退，沒有知進退、懂取捨。尤其是，韓信其實有個參照對象，就是他的同僚張良，之前在《有故事的論語〔學習・處世篇〕》也講過這個人。張良同樣為劉邦打天下立下大功，但他沒有貪戀權力，在天下平定之後，就退隱了，從而也保住了性命。

但我們可以倒過來想一想，處在韓信當時的位置，一開始他什麼也沒做錯，劉邦確實很善待他，他退隱的動力又在哪裡呢？誰能知道後面會發生什麼事情呢？

所以，從這個例子來看，「知進退，懂取捨」還真的是一件挺難的事情，因為你很難判斷到底時機在哪裡、分寸在哪裡。這時候有什麼辦法呢？其實就像之前講過的，這時候往往就要依靠你內心一向堅持的原則、底線和判斷了。

當然，對現在的人而言，「知進退，懂取捨」完全不會走到這樣生死攸關的地步，但適當克制自己的慾望和念頭，做事情把握好分寸，有些東西該捨就要捨，這些道理其實值得我們思考。就像我說的，「知進退，懂取捨」是值得每個人用一生去參透和感悟的。今天只是開了一個頭，接下來的內容可能還會有所描述，而各位在今後的人生中，相信會有更多的體會。

本講重點

乘桴浮於海

【原文】子曰：「道不行，乘桴浮於海。從我者，其由與？」子路聞之喜。子曰：「由也，好勇過我，無所取材。」

【出處】《論語．公冶長》

【釋義】孔子說：「我的理想要是行不通，就坐著小木筏漂洋過海吧。會跟隨我的，大概就是仲由了吧？」子路聽了可高興了。孔子說：「仲由這孩子比我還勇敢，但是沒有造木筏的木材啊（或解釋為：但不能裁度事理啊；或解釋：但這沒什麼可取的啊！）。」

【理解】從這段話可以看出，孔子有時候也喜歡發發牢騷，但其實他內心一直還是很堅定的。他是有分寸感和尺度的，會自己判斷什麼時候該進一步，什麼時候該退一步。

廟堂與江湖

【原文】居廟堂之高則憂其民，處江湖之遠則憂其君。

【出處】北宋范仲淹〈岳陽樓記〉

【釋義】在朝廷中做官時，就為百姓擔憂；處在遠離朝廷的偏遠地方時，則為君主擔憂。

【理解】古人把朝廷稱為「廟堂」，引申為政治舞臺的中心。「江湖」就是相對「廟堂」而言的遠離政治中心的地方。

范蠡

字少伯（西元前五三六年至西元前四四八年），春秋末期政治家、軍事家、經濟學家和道家學者。

【評價】最讓後人津津樂道的，不是他輔佐越王的政治成績和軍事成績，也不是他家財萬貫，他後來被當作「財神爺」（自號「陶朱公」），而是他能夠做到功成身退，過著自己想過的生活，這是讓很多後來人所羨慕的。世人譽之：「忠以為國；智以保身；商以致富，成名天下。」

本講重點

鳥盡弓藏

【原文】蜚（飛）鳥盡，良弓藏；狡兔死，走狗烹。

【出處】《史記．越王勾踐世家》

【釋義】飛鳥打盡了，彈弓就被收藏起來；野兔捉光了，獵狗就被殺了煮來吃。

【理解】范蠡寫下這句話是想藉此勸自己的好朋友文種，敵國滅掉了，謀臣就被廢棄或遭害。韓信當初被抓住要砍頭之前，說了一模一樣的話，真是「多麼痛的領悟」。

第五講

顏回爲什麼這麼快樂？

不知道大家發現沒有，《論語》這部書，不僅記錄了孔子他老人家的言行，而且把孔子的眾位弟子都刻畫得栩栩如生。

相信大家一定還記得在《有故事的論語〔學習·處世篇〕》中做起事來風風火火、彈起琴來殺氣騰騰的子路，還有用一波神操作保護了魯國、影響各國局勢的子貢。確實，他們兩位是之前講的孔門弟子裡出現率比較高的兩位。

我們今天還要講一位孔門弟子，他的名字叫顏回，《論語》中關於他的記載也不少。

顏回的年紀要比孔子小三十歲。他姓顏，名回，字子淵，在需要尊稱他的時候，《論語》中會把他叫作「顏淵」——顏回和顏淵其實是同一個人。

在《有故事的論語〔學習·處世篇〕》談什麼是「仁」的時候，就提到過顏回，那時孔子對顏回有這樣一句評價，大家還記得嗎：

子曰：「回也，其心三月不違仁，其餘則日月至焉而已矣。」

這句話的意思是說，顏回的心可以連續三個月不違背「仁」的標準，至於其他人，只能夠隔十天半個月偶爾達到「仁」罷了。這句話其實還有種解釋，說三個月只是一個虛數，意思是顏回能一直做到不違背仁。

顏回在孔門弟子裡可以說是出類拔萃的，孔子非常看好他，也很器重他，可惜顏回這個人身體不夠好，二十九歲就白了頭，在孔子之前就英年早逝了。顏回死後，孔子哭得十分傷心，說：「這是老天讓我的學問斷了真傳啊！」

由此可見，孔子對顏回的評價有多麼高。而且，孔子不光覺得顏回學問好，還很佩服他的性格和品德。例如《論語》中有這樣一段話：

子曰：「賢哉！回也。一簞（ㄉㄢ）食，一瓢飲，在陋巷。人不堪其憂，回也不改其樂。賢哉！回也。」

「賢」這個字，當然是對人的讚美。它可以用來誇人能力強，

也可以用來誇人品格高尚。「簞」是裝食物的容器，「瓢」是裝水的容器。「一簞食，一瓢飲」，是說顏回吃得簡單。「陋巷」，這裡指簡陋的住宅，「在陋巷」是說顏回住得簡陋。「不堪」，就是忍受不了。「不改其樂」，就是講顏回不受環境影響，照樣樂呵呵的。

在這裡，孔子他老人家讚美的就是顏回的快樂。那麼這個「賢」字，究竟是側重於能力強，還是側重於品格高尚呢？這裡暫且不給答案，希望大家在看完這一講之後，能夠有自己的理解。至於翻譯，我就先把「賢」這個字翻譯成「有能耐」吧。畢竟「品格高尚」也是一種能耐。把這段話完整地翻譯出來，大致是這樣的：

孔子他老人家說：「顏回真是有能耐啊！吃著簡單的粗茶淡飯，住著簡陋的一居室。一般人忍受不了這樣的清苦生活，肯定會焦慮憂愁。可是顏回呢，照樣樂呵呵的。顏回真是有能耐啊！」

看完孔子誇顏回的話，我們的問題也來了：顏回到底為什麼這樣「不改其樂」，始終很快樂呢？

不妨先講個故事吧。這個故事是一個童話，出自著名的丹麥童話家安徒生寫的《安徒生童話》，名字叫《老頭子做事總是對的》。

有一對老夫妻住在鄉下。他們的財產雖然不多，但還算比較富餘。其中有一匹馬，他們覺得可以牽到集市上去換些更有用的東西。但是該換些什麼呢？

老太婆對準備去集市上賣馬的老頭子說：「老頭子，你知道得最清楚呀。趕緊去吧。」

在集市上，有人趕著一頭母牛走過來。老頭子想：「牠一定能產出最好的奶！」於是就拿馬換了這頭牛。但老頭子沒有馬上回家，想繼續逛一逛。

不一會兒，老頭子見到一個趕羊的人。這是一隻健壯的羊，毛也好。老頭子想：「冬天牠可以和我們一起待在屋子裡，可比牛更實際！」趕羊人當然願意交換啦，於是這筆生意馬上成交了。老頭子走著走著，在柵欄旁邊見到一個人，胳膊下夾著一隻大鵝。

「我的老伴早就希望有一隻鵝！現在她可以有一隻了。」老頭子心想。「你願不願意交換？我用羊換你的鵝，而且還要感謝你。」對方當然不反對，就這樣，老頭子換到了一隻鵝。

這時，田裡綁著的一隻母雞被老頭子發現了。「這是我一生中見過最好看的雞！」老頭子心想，「一隻雞總會找到一些麥粒，自己養活自己。我想把鵝換成這隻雞，一定不會吃虧。」當然啦，老頭子很順利地帶走了雞。

天氣很熱，老頭子想吃點東西，就來到酒館。有個夥計背著一袋爛蘋果。老頭子想：「去年我家棚子旁的老蘋果樹只結出一個蘋果。我們把它保存起來。它在碗櫃裡一直待到裂開為止。我的老伴說：『那畢竟是一筆財產呀。』現在，她可以看到一大堆財產了！是的，我真希望她能看看。」所以他就拿出雞來，換到了一袋爛蘋果。

這時候，酒館裡有兩個非常有錢的英國人。他們和老頭子閒聊，知道了他從最初的一匹馬換成一袋子爛蘋果的整個過程，樂不可支，對老頭子說：「乖乖！你回到家裡，你老婆一定會結結實實地揍你一頓！」

老頭子卻搖搖頭：「我不只不會挨揍，而且還會得到一個吻。我老伴會說，老頭子做的事總是對的。」英國人當然不信，就拿出一袋金幣來打賭。

老頭子和英國人一起回到家，跟老太婆講一匹馬變成一袋爛蘋果的經過。每講到一筆交易，老太婆就驚呼表示贊同。例如：啊，我們有牛奶喝了；啊，我們可以有鵝肉吃嘍！啊，雞會生蛋，蛋可以孵小雞，那麼我們將要有一大群小雞嘍！

最後，老頭子說：「是的，不過我已經把那隻雞換成了一袋爛蘋果。」

那麼，老頭子的妻子是怎麼反應的呢？

老太婆立刻說：「好傢伙！現在我非得給你一個吻不可，謝謝你，我的好丈夫！現在，我要告訴你一件事情。你知道，今天你離開以後，我就想今晚要做一點好東西給你吃。我想最好是雞蛋餅加點香菜。我有雞蛋，不過沒有香菜。所以，我到學校老師那裡去，我知道他家種著香菜。不過，那位老師的太太是一個吝嗇的女人。我請求她借給我一點。『借？』她對我說，

『我們的菜園裡什麼也不長，連一個爛蘋果都不結。我甚至連一個爛蘋果都無法借給你呢。』你看看，現在我可以借給她十個，甚至是一整袋爛蘋果呢。老頭子，這真叫人好笑！」

她說完這話後，就給她丈夫一個響亮的吻。這個結果讓兩個英國人感到很意外，但也很高興：「我喜歡看這幅情景！總是走下坡路，卻總是快樂。這件事本身就值錢。」

所以，他們就付給這老頭子一袋金子，因為他沒有挨打，而是得到了吻。

看完這個故事，你們是不是覺得挺有意思的？這個故事究竟想告訴我們什麼？在故事的結尾，作者安徒生這樣說：「是的，如果一個太太相信自己的丈夫是世界上最聰明的人，並承認他做的事總是對的，她一定會得到好處。」

安徒生說這個結論的時候究竟是正經的還是在搞笑，我們姑且不談。這一講的重點是「快樂」。故事中這對快樂的老夫妻，能不能給我們一點啟發呢？

有人可能要說了：有什麼啟發啊！他們不過是「傻人有傻福」罷了，如果不是在童話中而是在正常生活中，這種人肯定只會越過越窮，因為老頭子不斷地把貴的東西換成便宜的東西！

不得不說，能這樣想的人，是值得表揚一下的，因為這表示你有獨立思考的能力，沒有被我幾句話就牽著走。但是，我的目的可不是要帶偏你們，而是想和你們一起討論一下。

還是先來看一段《論語》的原文，依舊是孔子誇顏回的話。他是這麼說的：

「有顏回者好學，不遷怒，不貳（ㄦˋ）過。」

「遷怒」這個詞，我們現在還在用，意思就是人對某件事情生氣的時候，把怒火發洩到不相干的事情上。不知道你們有沒有過這樣的體驗，我讀書的時候有過，我女兒寫作業的時候也有過。每當有題目怎麼寫也寫不出來時，就會覺得一股怒火從心頭升起，也不知道為什麼會有這股怒火，總之就覺得很生氣，有些孩子還會扔筆，因為憤怒於自己的無能，有的小朋友甚至會忍不住想撕作業本發洩。這就是「遷怒」。

而「不貳過」中的「貳」字，就是數目字「二」的大寫。「不貳過」，意思就是同樣的錯誤不會犯第二次。

我們把《論語》裡的這句話翻譯出來，大致是這樣：

「在我的學生中，顏回是愛學習的。他不會把怒火發洩到不相干的事情上，同樣的錯誤不會犯第二次。」

大家從這句話裡可以了解到，孔子他老人家說的「好學」，重點就在於提升內心修養，而不在於只是刻板地記住書本知識。那麼，為什麼說「不遷怒，不貳過」表現出比較高的內心修養呢？

大家想，針對一件事情生氣，這無可厚非，人總會遇上一些氣人的事情。但是「遷怒」說明什麼呢？說明你讓「生氣」這種負面情緒把自己控制住、束縛住了，所以才會不由自主地把怒火發洩在不相干的事情上，讓本來「無辜」的人或事物當了替罪羊。而顏回能做到「不遷怒」，說明他不會讓負面情緒控制、束縛住自己，即便生氣，理智依然保持清醒，不會傷及無辜。所以，這就是一種能力，一種控制自己情緒的能力，這也是孔子說顏回有能耐的一個原因。

而「不貳過」，就是同樣的錯誤不會犯第二次，這說明什麼呢？簡單地說，就是知錯就改。別小看這一點，要做到這一點是很不容易的。

有時候，犯錯是一種身體或心理上不由自主的習慣。知道錯了，立刻就能把這種習慣克服掉，不讓錯誤的習慣束縛住自己，這就是「不貳過」，但這一點很不容易做到。和「不遷怒」一樣，「不貳過」同樣表現出一個人心靈、理智的強大。

舉個例子。例如投資吧，我們在某個計畫上投入了時間和金錢，然後發現投資方向是錯誤的，這個計畫不可能賺到錢，只會不斷虧錢。這個時候，理智的做法是什麼？道理大家都明白：應該及時終止計畫、撤資、停損，對不對？

但要做到這一點不容易，因為撤資停損就意味著「認虧」，就是承認之前的投入全部泡湯了。而繼續投資，至少可以繼續抱有僥倖心理：說不定哪天還能把虧的錢賺回來！其實，在明知投資方向錯誤後不及時撤資停損，抱僥倖心理繼續投資，屬於「同樣的錯誤犯第二次」。

還例如賭博。我們說「十賭九輸」。賭徒們同樣是這種心理：我這把輸了，下把贏了就能賺回來。如果下把還輸呢？那我就傾家蕩產再賭下一把！一定要贏！結果又輸了。賭徒其實已經完全讓錯誤的心理慣性束縛住自己，最終往往落得傾家蕩產，甚至家破人亡。

由此可見，「不貳過」是多麼不容易，它意味著你要保持清醒的頭腦和果斷的行動力，不被僥倖心理束縛住。而這，也需要強大的心靈。

所以總結一下，一個人如果能「不遷怒，不貳過」，就意味著他的心靈很強大，時時刻刻都生機勃勃，不會被怒火、錯誤的習慣、僥倖心理或者別人的評價等各種負面的東西控制、束縛。從這個意義上說，這就是一種自由，一種心靈上的自由。

我們現在回到老頭子和老太婆的那個故事。從一匹馬到一袋爛蘋果，老頭子的東西確實是越換越便宜。但換個角度來看，所謂的「貴」和「便宜」，是世俗的評價標準，也是會根據環境條件改變的。在城市裡，一杯水可能並不值錢，但在沙漠水源斷絕的情況下，一杯水可能比和它一樣重的金子還珍貴。

同樣的道理，在能夠保證生存狀態的前提下（從故事裡可以看出，這對老夫婦是農民，靠種地已經可以自給自足），得到什麼東西才能獲得快樂，唯一能做主的只有他們自己。換句話說，老頭子和老婆子的心靈也是自由的，他們可以不在意別人的評價，不生氣，不懊惱，不覺得自己做的是錯誤的事，因為他們從中獲得他們最看重的東西——快樂。

我們可以看到，老頭子是發自內心快樂的，而他唯一需要顧及

的人，就是老太婆，老太婆也是發自內心認同老頭子的做法，也是快樂的。日子是他們兩個人過的，如果他們感到開心，我們難道還能去干涉嗎？安徒生在故事的結尾設計了兩個英國人給老頭子一袋金子，照我看來，即便不給這袋金子，這對老夫婦依舊是快樂的。

我們再回頭來看看顏回。顏回住在簡陋的住所裡，吃得也很簡單，但他依舊很快樂，而且能不遷怒、不貳過，這說明他的心靈是自由的，他對快樂的評判標準不是「吃得好」或者「住得大」，而是有自己的一套評判標準。正是因為他擁有自己的評判標準，所以能做到寵辱不驚，保持自己的快樂。

在這裡借這個機會，想以一個過來人的身分和大家說幾句心裡話。在當學生讀書時，可能會覺得每天要上學，要寫作業，要考試，日子過得好苦。但其實，當有一天成為大人，踏進社會，去面臨真正殘酷的競爭和油鹽醬醋的真實生活時，回過頭來看就會發現，自己的學生時代其實是人生中難得的快樂時光。

所以，人人都嚮往的快樂，有時候並非遙不可及，也不需要什

麼苛刻的條件，它可能就在你的身邊，取決於你內心建立的一套評判標準。

至於這套標準應該怎樣建立，有哪些準則，不是這一講就能講得完的。每個人都有自己的標準，也不是一蹴而就，說建立就建立起來的，同樣需要一個過程。在這個過程中，需要學習更多有用的知識，結交更多能互相幫助的朋友，體會和理解更多別人的想法，付出和給予更多的溫暖和援手。這樣，才能慢慢形成自己的內心評判標準，形成自己正確的世界觀和人生觀。

如果這本書能在這個過程中給大家一點啟發、一點鼓勵、一點幫助，就是我最大的榮幸。希望大家能夠永遠保持初心，永遠快樂！

回也不改其樂

【原文】子曰：「賢哉！回也。一簞食，一瓢飲，在陋巷。人不堪其憂，回也不改其樂。賢哉！回也。」

【出處】《論語．雍也》

【釋義】孔子說：「顏回真是有能耐啊！吃著簡單的粗茶淡飯，住著簡陋的一居室。一般人忍受不了這樣的清苦生活，肯定會焦慮憂愁。可是顏回呢，照樣樂呵呵的。顏回真是有能耐啊！」

顏回

顏回（西元前五二一年至西元前四八一年），曹姓，顏氏，名回，字子淵，魯國人，春秋末期魯國思想家，孔門七十二賢之首，儒家五大聖人之一。十三歲拜孔子為師，是孔子最得意的門生。孔子對顏回稱讚最多，讚其好學仁人。他比孔子小三十歲，但卻比孔子先去世。歷代儒客文人學士對顏回推尊有加，尊稱他為「復聖」。

不遷怒，不貳過

【原文】哀公問：「弟子孰為好學？」孔子對曰：「有顏回者好學，不遷怒，不貳（儿ˇ）過。不幸短命死矣，今也則亡，未聞好學者也。」

【出處】《論語．雍也》

【釋義】「在我的學生中顏回是愛學習的。他不會把怒火發洩到不相干的事情上，同樣的錯誤不會犯第二次。」

【理解】「不遷怒」，「不貳過」，聽起來很簡單，但需要有強大的心靈。顏回住在簡陋的住所裡，吃得很簡單，但他依舊很快樂，而且不遷怒、不貳過，這表示他的心靈是自由的，他對快樂的評判標準不是吃好住好，而是有自己的一套評判標準，所以他能寵辱不驚，保持自己的快樂。

一蹴而就

【原文】天下之學者，孰不欲一蹴而造聖人之域。

【出處】北宋蘇洵《上田樞密書》

【釋義】蹴是用腳踏，就是成功的意思。一蹴而就意思是踏一步就成功。

【理解】比喻事情輕而易舉，一下子就成功了。但用在寫文章裡，往往是要提醒人們，一件事不可能很容易成功，也就是不會一蹴而就。

第六講

一切都是最好的安排

上一講，我們講了孔子的高徒顏回的故事。

我們要像顏回那樣，建立一套自己的評判標準。而在這套標準裡，有一個影響快樂的重要指標：如何評價自己現在所處的境遇究竟是好，還是壞？

這是我們今天要說的主題。先來說一個故事吧。

話說從前，有一個國王很喜歡打獵。有一天，他在森林裡狩獵，一箭射死了一頭豹。國王很得意，下馬去查看自己的戰利品，沒想到那頭豹並沒有徹底死去，在臨死之前使出最後的力氣撲向國王，把國王的小指頭咬掉了一截。

國王自然覺得非常倒楣。回到王宮後，他就找來宰相喝酒消愁。宰相微笑著對他說：「大王啊，想開一點，一切都是最好的安排！」

國王聽了很生氣，說：「如果寡人把你關進監獄，這也是最好的安排？」宰相微笑著說：

「如果是這樣，我也深信這是最好的安排。」

國王火氣一下子就上來了，說：「好！我成全你！」於是，宰相被關進了監獄。

一個月後，國王養好傷獨自出遊。他來到一處偏遠的山林，忽然有一群土著從林子裡衝出來，把他五花大綁，抓回部落。

原來，這個土著的部落每逢月圓之夜，就會下山抓人，把抓來的人充當祭祀月亮女神的祭品。當天晚上，土著把國王綁在祭壇上，拿起火把打算將他點著了獻祭。

正當國王絕望的時候，土著的祭司忽然大驚失色。為什麼呢？因為他發現國王少了一截小指頭，不是完美的祭品。他們認為如果這樣的話，月亮女神會發怒。所以，國王居然被放走了。

國王非常高興，回宮後就釋放了宰相，擺酒宴請，說：「你的話真是一點也沒錯，果然一切都是最好的安排！如果不是被豹咬了一口，今天我連命都沒了！」

忽然，國王想到了什麼，問宰相：「可是你無緣無故在監獄裡

蹲了一個月，這該怎麼說呢？這難道也是最好的安排嗎？」

宰相慢條斯理地抿了一口酒，說：「大王，如果我不是在監獄裡，肯定會陪伴您微服出行。土著發現國王您不適合當祭品，那豈不是就輪到我了？」

這個宰相說的有道理還是沒道理？可能有的人會說：這個故事聽起來很有道理，但仔細一想，還是有些不對，因為這些事情其實都是巧合啊，如果土著沒抓到國王，哪有月圓之夜那麼巧的事情啊！如果你能這麼想，當然也沒錯。不過，故事之所以是故事，正是因為有加工的成分。但故事傳遞出的道理，卻是很清楚的。在這個故事裡，我們至少知道一點：在一定的條件下，壞事是可以變成好事的。

說到這裡，大家有沒有聯想到一個類似的中國故事，就是著名的成語：「塞翁失馬。」

這個故事說的是，有個住在邊塞的老頭，他的馬無緣無故跑丟了，可是他並不在意，說：「誰知道這壞事不會變成好事呢？」幾個月後，這匹馬帶著幾匹少數民族的好馬回來了。這老頭也沒多高興，說：「誰知道好事不會變成壞事呢？」沒過多久，老頭的兒子因為騎好馬，摔斷了腿。老頭依然是這個思考模式：「誰知道這不會變成好事呢？」一年後，少數民族入侵，健壯的男子都被抓了，送上戰場。唯有老頭的兒子因為腿瘸了，不用上戰場，父子倆都得以保全性命。

這個成語的完整版是「塞翁失馬，焉知非福」。從某種角度，也可以說是「塞翁失馬，焉知非禍」——壞事和好事在一定條件下相互轉換。不過，這個故事主要側重的還是壞事變成好事。

無論是國王的故事，還是塞翁失馬的故事，我們必須承認，這裡面多少存在著一些巧合，對不對？但無論是不是巧合，這種心態還是值得我們借鑑的：一種樂觀心態，一種泰然處之、覺得一切都未必是壞事的心態。這種心態會在你遭遇不幸的事情時幫助你平靜情緒，更會在你遭遇一些並非巧合，甚至無法改變的情況時，讓你有繼續前進的力量。

這裡就要說到《論語》裡孔子的一句話：

「吾少也賤，故多能鄙事。」

這句話應該不難理解，什麼意思呢？就是「我小時候很窮苦，所以學會了不少粗活和鄙俗的工作。」

孔子為什麼這麼說呢？因為之前有個人問：「孔子大概是聖人吧？怎麼能耐那麼大，本領那麼多？」

我不是故意的，
我是為了教你一個成語：
湯圓失馬，安知非福！

孔子就是這樣回答的：「我只是小時候比較窮罷了。」

孔子真的是只會做粗活嗎？當然不是，他只是謙虛。大家還記得嗎？在《有故事的論語〔學習．處世篇〕》說過，有人說孔子會很多，簡直無所不能。你們想，數、書、禮、御、射、樂這六藝，可是孔子一個人教給徒弟們的啊！

那麼，是否真像孔子說的，就是因為他小時候窮，才會如此多才多藝嗎？也對也不對。說不對，是因為並不是只要你窮，就能學到很多本領。說對，是因為窮苦的環境，確實能夠督促你去思考更多的東西，去學習更多的東西。

大家應該知道，有句話叫「窮人的孩子早當家」。在不少情況下，出身貧苦、家裡條件不好的孩子，不得不在許多事情上親力親為，本領自然就多了。雖然不過是一些買米燒飯、修東西之類的粗活，但對一個人的性格和能力的打造，還是挺有幫助的。而且，窮人家的孩子可以相對比較早體驗到生活的辛酸、以及人心和社會的複雜。假如他心靈敏感、自身能力也不錯，並且有幸遇到好機會，那麼隨著他的見識越來越廣、接觸到的社會階層越來越豐富，和那些出生在富裕家庭、「贏在起跑線上」的孩子相比，窮人家的孩子可能對於整個世界的認知會相對更加有深度，會更加善於把紙上的知識和現實中的運作結合起來。

當然，這並不是絕對的，無論窮人家的孩子還是富人家的孩子，決定他們將來是否成才的主要原因，還是後天的教育、孩子自身的努力以及一些機遇。

我這裡要說的是，孔子以自身的例子告訴大家，家庭貧富與否，並不是決定你將來是否能成才的絕對因素，而且，既然出生的家庭環境是你無法改變的，不妨就用一種積極的心態去面對，從這種環境中汲取更多的動力和正能量，充實自己。

而這種心態就是：不抱怨客觀環境，努力適應環境。

我們從一些可能是因為巧合而改變的事，說到一些可能你無法改變的事，會不會還有一種情況：你遭遇的那些巧合，甚至那些困難，都是有人故意製造出來給你的呢？

如果是這樣的話，你又應該保持怎樣的心態，如何去應對呢？下面再講一個故事。

這個故事的主人公，是戰國時代兩個著名的外交家，一個叫蘇秦，一個叫張儀。

蘇秦和張儀都是戰國時代著名高人鬼谷子的學生。他們學習的是遊說（ㄕㄨㄟˋ）之術，就是憑藉高超的口才和掌握的訊息，在

戰國時代的各個國家之間周旋，合縱連橫，操縱局勢，影響各國的命運。

說到這個模式，不知道大家有沒有想起在《有故事的論語〔學習．處世篇〕》中講過的子貢？沒錯，蘇秦和張儀學習的，就是類似子貢那樣的神操作。而且還有一種說法，說蘇秦和張儀的老師鬼谷子的老師，就是子貢。

這個故事發生的時候，蘇秦已經出道了。他憑藉自己的口才和謀略，已經說服中原各國聯合抵抗當時最強大的秦國，蘇秦本人當時待在趙國執掌大權。而他的同學張儀卻很落魄，生活都沒有著落。於是，張儀去趙國投奔師兄蘇秦。

蘇秦知道後，特意告誡門房不幫張儀通報，把張儀晾在宅子外面好幾天之後才接待他。蘇秦讓張儀坐在客廳外，吃奴僕的飯菜，還趾高氣揚責備他：「看看你，混成什麼樣子。我要給你富貴那是隨時的事，只是你這窩囊廢配不上而已。」說完，蘇秦就把張儀打發走了。

張儀來找蘇秦，本以為同門師兄可以拉自己一把，誰知碰了一鼻子灰，這可讓張儀憋了一肚子火。張儀思來想去，認為只有秦國才有力量對付趙國，於是決定進入秦國，要做一番大事。張儀一路往西走，沒想到走的路上，有個人一直跟著他。張儀每次吃飯、住宿，那個人都會幫他結帳，還時不時給張儀送上車馬、錢財和生活用品，簡直有求必應、貼心無比。

張儀到了秦國後，見到當時的秦惠王。張儀向秦王說了各種利害關係，也展現出強大的口才。不久後，張儀就被封為客卿，配合秦惠王謀劃進攻東方諸國的戰略。

直到這時，那個一路跟隨、招待張儀的人才向張儀表明自己的身分——他是蘇秦派來的門客。

這個門客向張儀轉達蘇秦的真正用意：「張儀啊，你知道嗎，最懂你、對你最好的人，就是蘇秦先生啊！蘇秦說，張儀的才華遠遠高過他，倘若他立刻給你富貴，恐怕會消磨你的志氣，令你安於現狀、不思進取。所以，他就故意羞辱刺激你，好讓你下決心去秦國大展宏圖。而且，蘇秦也需要在秦國安插一個自己人。他早就謀劃好了，有能耐駕馭好這個角色的，只有張儀你啊！」

張儀聽了感慨地說：「原來蘇秦在下這麼大的一盤棋，我卻絲毫沒有察覺。到底是師兄啊，比我不知道高到哪裡去了。只要蘇秦還活著，我在秦國一定配合他的行動。」

後來，張儀也是叱吒風雲，為秦國縱橫天下發揮關鍵作用。當然，這些就不是本講要說的故事了。（注：根據新出土的考古記

載，蘇秦其實比張儀要年輕二十六歲，張儀當大官的時候，蘇秦反而是個年輕人。所以，是否是他們倆推出「合縱連橫」，還需要進一步考證。）

聽完這個故事，我們拋開蘇秦是否是要利用張儀這件事不說，從張儀的角度來看，有時候我們覺得有人故意在刁難自己，製造困難，但其實是在磨練我們，是在給我們一個變得更強大的機會。

這裡要說到孟子一句著名的話：

故天將降大任於是人也，必先苦其心志，勞其筋骨，餓其體膚，空乏其身，行拂亂其所為，所以動心忍性，曾益其所不能。

這句話的意思是：上天要把重任降臨在某人的身上，一定先使他心意苦惱、筋骨勞累，使他忍饑挨餓、身體空虛乏力，使他的每一步行動都不如意，這樣來激勵他的心志，使他性情堅忍，增加他所不具備的能力。

這裡所謂的「上天」，當然是現實生活中不存在的。這句話想要表達的意思是，如果你遭受了各種各樣的苦難，一定要記得堅持

下去、克服過去，這樣你就能成為一個做大事的人。

所以，張儀碰到的冷落、困難，是不是蘇秦有意製造的並不是關鍵，關鍵是張儀自己的心態，他能始終不放棄，而且相信自己之所以會碰到困難，是因為有更重要、更偉大的事等待自己去做。

《論語》中還記載了孔子說過的一句話，用來總結他自己的人生：

「吾不試，故藝。」

這裡的「試」，意思是被國家任用，可以引申為專業化，成為精通一門技藝的專業人士。「藝」，意思接近現在講的多才多藝。這句話可以這樣翻譯：「我沒有成為專業人士，所以多才多藝。」

當你們將來感嘆自己「懷才不遇」的時候，不妨這樣想：這是老天在給我機會和時間，讓我把自己培養成更加多才多藝，甚至是更偉大的人，所以捨不得用一個相對普通甚至是小小的位子困住我、限制我。

我們再回到《論語》中一直出現的「仁」。之前說到，所謂

「仁」，就是心靈既敏銳又寬廣，和世界息息相關，和他人心靈相通。而敏銳又寬廣的心靈是不會被困住的，有了這樣的心靈，自然會處處見到生機，時時接受宇宙的訊息，隨著世界、社會、他人的變化，調整自己、精進自己。

這就意味著，如果你能做到「仁」，無論身處順境還是逆境，你都是自由的，你的心境都會是快樂的。沒有做到「仁」的人，又是什麼樣子呢？請看《論語》中的這句：

「不仁者，不可以久處約，不可以長處樂。」

「約」的意思就是窮困，「樂」的意思自然就是快樂。在這個語境中，不妨說「樂」也包含「富足」的意思。那麼，整句話的意思就是：「沒有達到仁這個境界的人，就無法長久地過窮困的生活，也無法長久地過富足、快樂的生活。」

無法長久過窮困的生活，這個容易理解。因為窮，有慾望而滿足不了，所以忍不下來了，想要鋌而走險。可是富足、快樂有什麼不好？為什麼會有人無法長久地過這麼「好」的生活？

因為當你的任何慾望都能輕易得到滿足卻沒有自己追求的時候，你會感到無聊，感到生活中缺乏刺激和挑戰，對什麼都提不起興趣，進而會厭倦生活。

總而言之，假如一個人沒有達到「仁」的境界，或者沒有走在通向「仁」的正道上，那麼無論他遇到的是貧窮還是快樂、富足，都談不上是最好的安排。貧窮會困住他，快樂、富足也會束縛他的心靈，讓他的心靈喪失自由自在的本來面目。

由此可見，「仁」的境界不光是本領，是自由，是道德修養，更是通向幸福生活的必經之路。因為它會讓你擁有一個良好的心態，相信一切都是最好的安排。

最後，我還要強調一點：「相信一切都是最好的安排」，並不是提倡一種消極的態度，並不是讓你覺得「哎呀！隨便怎麼樣，就這樣吧」。相信一切都是最好的安排，提倡的恰恰是一種積極的態度，鼓勵你去適應環境，接受環境，進而透過自己的努力和堅持，去與環境共融，甚至改善環境，創造出屬於自己的大環境。

這是一種積極向上的心態，希望你們每個人都能擁有。

窮人的孩子早當家

【原文】太宰問於子貢曰：「夫子聖者與？何其多能也？」子貢曰：「固天縱之將聖，又多能也。」子聞之，曰：「太宰知我乎！吾少也賤，故多能鄙事。君子多乎哉？不多也。」

【出處】《論語．子罕》

【釋義】「我小時候很窮苦，所以學會不少粗活和鄙俗的工作。」

【理解】有句話叫「窮人的孩子早當家」，在不少情況下，家裡條件不好的孩子不得不在許多事情上親力親為，本領自然就多了。但這裡並不是說窮人家的孩子個個都會很有出息，而是說，有時候貧困的環境反而更能鍛鍊人，讓人獲得更多的能力。

塞翁失馬

【原文】近塞上之人有善術者，馬無故亡而入胡。人皆吊之，其父曰：「此何遽不為福乎？」居數月，其馬將胡駿馬而歸。人皆賀之，其父曰：「此何遽不能為禍乎？」……

【出處】《淮南子》（又名《淮南鴻烈》），西漢淮南王劉安編纂

【釋義】我們現在用來比喻雖然一時受到損失，也許反而因此能得到好處。也指

壞事在一定條件下可變為好事。

【理解】這個成語表現出一種心態，就是一種樂觀，泰然處之，覺得一切都未必是壞事的心態。這種心態會在你遭遇不幸之事時幫助你平靜情緒，更會在你遭遇一些無法改變的情況時，有繼續前進的力量。

合縱連橫

【合縱】聯合六國對抗最強大的秦國。這是蘇秦的主張，由於戰國七雄的六個國家大致是處在南北一條線的位置，所以叫「合縱」。

【連橫】和最強大的秦國結盟，轉而去攻打其他弱小的國家。這是張儀的主張。秦國曾聯合過比較強大的齊國，去對抗其餘五個國家。

【合縱連橫】雖然是兩種策略，但現在除了比喻國與國之間的一些外交手段外，也會用在商業競爭中，比喻公司與公司之間競爭的狀態。

【爭議】根據新出土的考古記載，蘇秦其實比張儀年輕二十六歲，張儀當大官的時候，蘇秦反而是個年輕人。所以，是否是由他們倆推出「合縱連橫」，還需要進一步考證。

天將降大任

【原文】故天將降大任於是人也，必先苦其心志，勞其筋骨，餓其體膚，空乏其身，行拂亂其所為，所以動心忍性，曾益其所不能。

【出處】《孟子．告子下》

【釋義】上天要把重任降臨在某人的身上，一定先使他心意苦惱、筋骨勞累，使他忍饑挨餓、身體空虛乏力，使他的每一步行動都不如意，這樣來激勵他的心志，使他性情堅忍，增加他所不具備的能力。

【理解】如果你遭受了各種各樣的苦難，一定要記得堅持下去、克服過去，這樣你就能成為一個做大事的人。要成為做大事的人，就不要去刻意在意那些困難，要有一顆堅定的心。

不試故藝

【原文】牢曰：「子云：『吾不試，故藝。』」

【出處】《論語．子罕》

【釋義】子牢說：「孔子說過，『我（年輕時）沒有去做官，所以會許多技藝』。」

【理解】當你感嘆自己「懷才不遇」的時候，也許是老天在給你機會和時間，讓你把自己培養成更加多才多藝，甚至是更偉大的人。有時候，你在一件事上遇到挫折，可能是為了讓你去做另一件事打開大門。

| 本講重點 |

「仁」者無敵

【原文】子曰：「不仁者，不可以久處約，不可以長處樂。仁者安仁，知者利仁。」

【出處】《論語．里仁》

【釋義】沒有達到仁這個境界的人，就無法長久地過窮困的生活，也無法長久地過富足、快樂的生活。

【理解】假如一個人沒有達到「仁」的境界，那無論他是貧窮還是富足，都談不上是最好的安排。貧窮會困住他，富足會束縛他的心靈，讓他的心靈喪失自由自在的本來面目。由此可見，「仁」的境界不光是本領，是自由，是道德修養，更是通向幸福生活的必經之路。因為它會讓你擁有一個良好的心態，相信一切都是最好的安排。

第七講 不要成爲一個「鄉愿」

這一講暫且不說「美德」，說說它的對立面。這個對立面，就是「濫好人」。

什麼是「濫好人」？就是缺乏自己的判斷和原則，盲目地做一個貌似的「好人」，這種人誰都不敢得罪，什麼事都不好意思拒絕，卻又未必有能力承擔後果、負責到底。這樣的「濫好人」有時候很可能會傷害到自己，甚至危害社會。

那麼，誰是這樣的人呢？接下來，我們就講一個大家應該都比較熟悉的故事：《東郭先生》。

話說這個東郭先生，是個迂腐的讀書人。有一天，他趕著一頭毛驢，驢背上馱著一袋書，要到一個叫「中山國」的地方去謀求官職。忽然，一頭帶傷的狼竄到他面前，苦苦哀求說：「先生，我正在被獵人追趕。獵人用箭射中我，差點要了我的命。求求您了，讓我躲在您的口袋裡吧，將來我會好好報答您的。」

東郭先生當然知道狼是害人的，但他看到受傷的狼那可憐的樣子，就不忍心，說：「既然你求我了，我就一定想辦法救你。」說著，他把書從口袋裡倒出來，讓狼蜷曲起四肢鑽進去。狼在鑽進去之前，還主動要求東郭先生用繩子把自己捆住，好讓身體盡量縮小些。於是，東郭先生就把狼塞進口袋。

不一會兒，獵人追了上來，找不著狼，就問東郭先生：「你看見一隻狼沒有？牠往哪裡跑了？」東郭先生說：「我沒有看見狼，這裡岔路多，狼也許從別的路逃走了。」獵人相信了東郭先生的話，就朝別的方向追過去。

獵人一走，東郭先生就把狼從口袋裡放出來，沒想到剛解開繩索，這頭狼就咆哮著說：「先生既然做好事救了我一命，現在我餓極了，你就索性好事做到底，讓我吃了你吧！」

狼說著就張牙舞爪地朝東郭先生撲過去。東郭先生慌忙躲到毛驢後面，一邊喊著「你忘恩負義」，一邊被狼追得團團轉。狼因為負了傷，一時也奈何不了東郭先生。

正在危急的時候，一位農夫扛著鋤頭路過。東郭先生趕緊拉住他，跟他說自己救了狼，狼卻恩將仇報要吃自己。

這隻狼呢，見了農夫，還振振有詞地說：「老大爺你聽我說，剛才他把我捆起來塞進口袋，讓我氣都喘不過來。他把獵人騙走，哪裡是救我？明明就是想獨占便宜，沒安好心。」

農夫想了想，說：「你們講的話我都不信。這只口袋這麼小，怎麼可能裝得下這麼大一隻狼呢？」聽到這話，狼立刻蜷縮成一團鑽進口袋，說：「您看，他剛才就是這樣對待我的！」農夫見狀後二話不說，立刻拿繩子把口袋綁緊，對東郭先生說：「這種傷害人的野獸，是不會改變本性的。你對狼講仁慈，真是太糊塗了。」說罷，掄起鋤頭，三下兩下就把狼打死了。

這個故事出自明朝人馬中錫寫的寓言《中山狼傳》。到了現在，「東郭先生」已經成了特定稱謂，專指不辨是非、濫施同情心的人；而「中山狼」呢，也成了一個常用詞語，專指忘恩負義、恩將仇報的人。在四大名著之一的《紅樓夢》中，作者曹雪芹就用這個比喻形容過一個忘恩負義的人：「子係中山狼，得志便猖狂。」

對於東郭先生這樣的人，孔子他老人家當然是不贊成的。其實，「濫好人」是我們現在的叫法，在古代，這種人有另一種稱呼，叫作「鄉愿」。關於這個，我們來看一段《論語》原文：

子曰：「鄉原（ㄩㄢˋ），德之賊也！」

請注意，這裡的「原」字，應該讀成ㄩㄢˋ，通「愿」。而這個「愿」字，就是「老實、謹慎」的意思。「鄉愿」的意思就是說，整個鄉的人都認為這個人老實謹慎，可見這個人誰都不得罪、貌似是個好人，但其實他就是一個缺乏判斷和原則、對誰都寧可敷衍也不拒絕、濫施同情心卻沒有是非感的濫好人。孔子認為，這樣的人對社會的影響很不好，「德之賊也」，意思就是「敗壞道德的人」。

我們把這句話翻譯出來，大致是這樣：

孔子說：「那種在鄉里誰都不得罪、人人都認為他老實謹慎的濫好人，實際上是敗壞道德的人。」

你們看，這位差點被狼吃掉的東郭先生，他盲目地去幫助狼這樣害人的野獸，如果放狼歸山，不是危害社會了嗎？再往大處講，這樣的人混淆是非善惡，不抵制壞人壞事，不主持正義，道貌岸然，沒事的時候儼然是大家眼中的「好好先生」，好像還挺值得仿效的樣子，這種人會敗壞整個社會的是非善惡標準。所以，孔子他老人家對這種人絕不姑息，把他們定義為「德之賊也」。

其實，東郭先生救狼，這樣的行為害人又害己，這一點還是非常容易理解的，現實中遇到這種人也容易鑑別出來。但是有些時候，有的人明明是出於好心，做的也確實是好事，可是由於他考慮不周，後續行動出了差池；這時候，我們如果回過頭來看看他做好事的出發點，會發現他還是缺了點什麼，例如缺了理性的分析、思考。若是嚴格要求的話，這種人依然可以歸入「濫好人」這一類。

關於這一點，我們可以再講一個故事。這個故事出自一本很有意思的古書——《世說新語》。

這故事說的是東漢末年戰亂的時候，有一個叫華（ㄏㄨㄚˋ）歆（ㄒㄧㄣ）的人和一個叫王朗的人，這兩個人都是讀書人，因為戰亂，他們就一起坐著船逃難。在行船途中，他們遇到另一個逃難的人，這個人狼狽地向華歆和王朗請求搭乘他們的船。

華歆感到有點為難，覺得逃難途中，他們自己的安全都未必有保障，多帶一個人意味著多一份困難和危險。而王朗就若無其事地安慰華歆說：「船還寬敞著，帶上他有什麼不可以？」於是，那個逃難的人就上了他們的船。

嗯，看到這裡，大家是不是覺得王朗很善良，而華歆有點太冷

漠了，對不對？

我們看下去。

話說他們的船沒開多久，身後的賊兵追近了，事態危急。這時候，王朗就悄悄地和華歆商量：「唉！我們把那個上船的人拋棄掉吧，好趕緊逃命！」

這時候華歆說：「先前我之所以猶豫，正是因為考慮到這種情況啊。如今既然已經帶上他，怎麼可以中途扔下他不管呢？」

於是，華歆堅持要像先前一樣帶著這個同伴，有始有終。最終，大家都脫離了險境。

這個故事非常簡短。在故事的末尾，《世說新語》總結了這樣一句話：「世以此定華、王之優劣。」

意思就是，透過這件事情，華歆、王朗這二位就在世人的評價中分出了高低。大家認為這二位誰的品德高誰的品德低呢？我相信你們也有自己的判斷。

在逃難的路上搭救行人，這當然是做好事。但是從王朗在危急關頭的反應，可以看出他二話不說就答應讓人搭船，並不是因為急人之所急，不計較自身的利害，而是憑衝動行事，對事態和行為的後果考慮不足。而華歆呢，最初的猶豫為難，並不是因為他冷漠，而是他不僅僅因為同情心氾濫就輕易做出決定，他一旦決定幫助別人，就不會因為遇到困難中途放棄，而是有始有終、負責到底。

一個人是否有真正的美德，現在可以看出來了嗎？和華歆相比，我們把王朗歸類為「濫好人」，也不算冤枉他吧，對不對？

所以，「東郭先生和狼」的故事告訴我們，幫助別人的時候先要學會區分是非善惡，不可以幫助壞人。而華歆、王朗的故事告訴我們，做好人、幫助別人還需要理性分析思考整個處境，以及自己的能力。

而且，既然王朗答應要帶別人上船一起走，就要負責到底，不然人家其實還有機會去等真正願意帶他走的人。如果半途把人家拋棄，其實就是浪費了人家的機會成本啊，這也是對別人的不負責。

另外，王朗倘若真的中途拋棄求助者，還損害了人與人之間的信任。大家一定還記得，之前講過「信任」是社會的傳動軸，是維繫社會和諧運轉必不可少的美德。輕易答應幫助別人，遇到困難不能做到有始有終，損害人與人之間的信任，這樣的「濫好人」，我們定義為「德之賊也」，也就是「敗壞道德的人」，不算冤枉他們，

是不是？

大家都不想成為一個「鄉愿」式的「濫好人」，那麼怎樣做一個真正的好人呢？我們從一段《論語》原文說起。這一次，孔子點評的是一位名叫「微生高」的人：

子曰：「孰謂微生高直？或乞醯（ㄒㄧ）焉，乞諸其鄰而與之。」

「直」，可以理解為直爽、耿直，做人直來直去。「醯」，就是現在常用的醋。「乞」，意思就是討。「或」，意思是有人。「乞諸其鄰」，是說這位微生高先生自己沒有醋，但他不告訴來討醋的人說自己也沒有，而是跟鄰居去討醋。

我們把這段話翻譯出來，大致是這樣：

孔子說：「誰說微生高這個人直爽？有人向他討點醋，他不直說自己沒有，而是到鄰居那裡去討了醋給人家。」

這一段話字面意思挺簡單的，說的也不是什麼大事，但初看起來有點難以理解。微生高做的顯然是熱心腸的好事，但孔子似乎對他有點批評的意思，說他這個人不直爽。為什麼這樣一個「不直爽」的舉動會被孔子他老人家批評呢？我覺得這段話要和前文講過的「鄉愿」連起來看，才好理解。

倒不是說微生高這樣的人就是鄉愿、濫好人，而是說，像這樣「不直爽」的性格，有可能會導致一個人成為是非不分的鄉愿、濫好人，所以需要警惕。孔子批評微生高，也是防微杜漸的意思。

可能有人會說，不就是討個醋這樣的小事，有這麼嚴重嗎？問題恰恰就在於，「討個醋」本身確實是一件不起眼的小事。大家想，醋這個東西，一般來說可有可無，最多是錦上添花。朋友來討個醋，不是十萬火急的事，討不到醋也不至於造成性命攸關的損失。面對這種不太緊要的要求，微生高不直接告訴朋友自己沒有醋，而是向鄰居討來醋給朋友，與其說這是微生高在「急人之所急」，倒不如說他是不好意思拒絕朋友，不好意思讓朋友失望。

就是在這樣的心態下，微生高表現出「不直爽」。而這裡的「不直爽」，實質是什麼呢？就是不誠實，或者說不夠實事求是。在討醋這件小事上，因為不肯駁朋友的面子，偶爾不直爽、不誠實一下，倒也無傷大雅，無須苛刻地批評他。但是問題在於，人的行為模式是會形成習慣的，人的性格是有一貫性的。倘若總是因為面子、因為「不好意思拒絕」之類無關緊要的理由，犧牲「誠實」和「實事求是」，這樣的行為模式擴展到各種事情上，你就容易傾向混淆是非；在比較重要的事情上，就可能成為鄉愿、濫好人了。

例如東郭先生，他肯定不至於傻到不知道狼是害人的吧？他就是因為不忍心拒絕狼，而把如此明顯的事實放到一邊不管，就是對自己不誠實！在華歆、王朗的故事中，王朗表面上爽快答應了別人的求助，實際上卻根本沒有理性思考整個事情的可行性和危險，沒有考慮過自己有沒有能力和勇氣承擔事情的後果，結果差點就讓求助者落到了更加危險的境地——這是不是不夠實事求是？和王朗相比，華歆在遇到求助者時先猶豫，貌似不直爽，但恰恰是誠實的表現：他是在思考自己能不能擔當起這個責任。

那麼，如何可以使自己不變成「鄉愿」，成為一個真正的好人，而不是「濫好人」呢？不妨就從做一個直爽、真誠的人開始。不過，需要提醒大家的是，不要把粗魯或者「做事情不經腦子思考」和直爽、真誠混淆了。王朗貌似直爽，其實只是做事情不經腦子思考。直爽、真誠，意味著實事求是地處理事情，這往往是離不開理性思考的。只有做到這一點，遇到壞人才能不遷就、不姑息。其實，也只有直爽、真誠的人，才能真正地為朋友著想。

打個比方，如果你看到朋友正走在錯誤的道路上，或正在走向火坑，而他自己渾然不覺，甚至樂在其中，此時你應該怎麼辦？

倘若你平時是一個顧及面子、不好意思拒絕朋友、不忍心讓朋

友失望的人，這時能不能直爽地給他一個當頭棒喝，並且努力把他拉回到正道上？倘若你做不到這一點，你就成了混淆是非、誰都不敢得罪的鄉愿了。倘若你一向直爽、真誠、實事求是，就不怕在當下這一刻得罪朋友，寧可自己被朋友憎恨也要為他好——這樣，你就是一個真正的好人。

在《有故事的論語〔學習・處世篇〕》說過，交朋友要「無友不如己者」，你的朋友和你做朋友，就是因為你的直爽和實事求是能幫助到他。

其實，主觀方面的直爽、真誠，主要是性格培養，還算比較容易做到的；而要做到客觀方面的實事求是，你就需要盡量地深入理解世界，在這方面，可以說是學無止境。

在接下來要講的故事裡，我們的老朋友子貢，就是因為在這方面的學養不夠，而被孔子他老人家批評。這個故事並非出自《論語》，是出自另外一本很有意思的書：《呂氏春秋》。

這個故事是說，孔子他們所在的魯國，有一條法律：假如有魯國人在異國他鄉淪為奴隸，你遇到了，並且花錢把他贖出來帶回國，就可以到魯國的國庫去報銷贖金。

有一次，孔子的弟子子貢從他國贖回了一個魯國人，魯國的官府要把贖金給子貢，子貢因為不缺錢，就拒絕了。

這聽起來挺好啊，幫助自己的同胞，還要什麼報酬，對不對？

但孔子他老人家知道了這件事，就批評子貢：「這件事你做錯了啊。不拿國家報銷給你的贖金，你是沒關係，但也做出一個榜樣，就是救人不應該拿錢。但很多人其實並不像你如此有錢，他們看到你這樣，如果覺得救了人也不好意思拿錢，那索性就不救啦！以後願意從其他國救人回來的魯國人就會越來越少。」

大家仔細想一想，是不是挺有道理的？

又有一次，子路先生救起了一個落水者，被救的這位為表示感謝，就送給子路一頭牛，子路收下了。

孔子說：「做得好！以後魯國人就會更加樂於救人了。」

這故事中孔子的觀點，是不是還有點出乎你的意料？我們都知道，子貢是大商人，根本不缺錢。不過，孔子卻從這件事上看出了問題：

子貢這樣的行為，給大家做了怎樣的示範？就像我前面說過的，大家一看：啊，原來還有花自己的錢做好事的，真是高風亮節啊！但這樣一來，下次輪到自己做好事，是不是要掙扎一下，也表

現一下高風亮節呢？

但問題是，並不是誰都像子貢一樣不缺錢啊。想要表現高風亮節，沒實力；想拿國家的錢吧，被子貢比下去了，不甘心。唉，我真是太難啦！算了！還是不做了，省得操心。如此一來，是不是反而給社會帶來了壞的影響？

由此可見，要做成真正的好事，還需要對世界的運作方式有深刻、透徹的理解，這樣才能做到實事求是、從實際情況出發。

人性總是趨利避害的：趨向有利的一面，避開有害的一面。從某種意義上說，人總有自私的一面。作為一個高明的、真正的好人，就不要碰到任何事都希望大家能「大公無私」。其實，順著人性自私的一面，也可以把社會往好的方向引導。有一個成語叫「因勢利導」，說的就是這個道理：順著事情本身發展的趨勢，向有利於實現目的的方向加以引導。

在上面這個故事中，孔子的見解，其實就是「因勢利導」。

我們日常生活中每天都要打交道的商品化社會，其實也是一種

「因勢利導」：就算每一個出售商品的人都抱著獲取利益的目的，當整個社會公平競爭、運作良好時，每一個成員的付出都能得到相應的回報，這樣大家的福利就都會有保障，不是嗎？

不妨想像這樣一個小社會的模型，裡面的成員各有各的分工，有做麵包的，有做裁縫的，有製造各種工具的……他們各自出售自己的工作成果，購買自己需要的其他商品，大家以這種方式分工合作，社會就可以運作得很和諧。

這時候，倘若來了一個大好人，要為這裡的所有人永遠提供免費的麵包，看上去是好事，但可能會引發什麼呢？首先發生的就是，做麵包的失業了，他們無法購買自己需要的其他東西，也沒錢買裁縫的東西，裁縫師的收入也會減少，進而再影響一批人，更不用說有人因為能得到免費的麵包，索性連自己的工作也不想做了。如此一來，整個社會的幸福度是提高了還是降低了呢？

所以，做一個真正的好人，還是要了解一些社會的實際運作，這樣就可以盡量少犯這種「好心辦壞事」的錯誤。

東郭先生和狼

【出處】明朝馬中錫的寓言《中山狼傳》

【內容】東郭先生幫助狼逃脫獵人的追趕，結果狼恩將仇報，東郭先生差點葬身狼口。

【理解】這則寓言告訴我們，做好人，先要分清是非善惡，不可以姑息壞人或者對壞人心存幻想。現在，「東郭先生」已成了常用詞語，專指那種不辨是非、濫施同情心的人；而「中山狼」也是個常用詞語，專指忘恩負義、恩將仇報的人。

鄉原，德之賊也

【原文】子曰：「鄉原，德之賊也！」

【出處】《論語．陽貨》

【釋義】孔子說：「那種在鄉里中誰都不得罪、人人都認為他老實謹慎的濫好人，實際上是敗壞道德的人。」

【理解】做好人，不僅需要學會分清是非善惡，而且需要理性分析思考，了解整個處境以及自己的能力。不然的話，不能主持正義，幫助別人不能有始有終、負責到底，就會耽誤別人甚至敗壞道德。

微生高不直爽

【原文】子曰：「孰謂微生高直？或乞醯焉，乞諸其鄰而與之。」
【出處】《論語．公冶長》
【釋義】孔子說：「誰說微生高這個人直爽？有人向他討點醋，他不直說自己沒有，而是到鄰居那裡去討了醋給人家。」
【理解】這裡的「不直爽」，意味著因為面子之類的小事而不真誠、不實事求是。這樣的行為模式倘若擴展到各種事情上，就容易傾向於混淆是非，成為鄉愿、濫好人。

因勢利導

【原文】「善戰者，因其勢而利導之。」
【出處】《史記．孫子吳起列傳》
【釋義】順著事情本身發展的趨勢，向有利於實現目的的方向加以引導。
【理解】人性總是趨利避害，從某種意義上說，總有自私的一面。順著人性自私的一面，也可以把社會往好的方向引導。我們日常接觸的商品化社會就是一種「因勢利導」。

本講重點

機會成本

「機會成本」是經濟學術語。簡單地說，就是你因為做一件事而損失了做其他事情的機會，這是你付出的成本。例如你花錢學習彈鋼琴，你花的錢固然是你付出的成本；同時，你學習彈鋼琴的時間也可以用來學圍棋，你放棄了學圍棋的機會，這就是你付出的「機會成本」。

第八講

以德報怨？

前面說的是「怎樣做一個真正的好人」。接下來，我們來談談，如果你碰到了壞人，應該怎麼對待。

大家可能都知道一句話，叫作「以德報怨」。這句話的意思就是，面對別人的惡行甚至是欺負，我們要用道理來說服他，用善行來感化他。這個說法一度被認為是中華民族的傳統美德。這句話是誰說的呢？不少人說，是孔子他老人家在《論語》裡說的。

這句話是不是他說的呢？還真的是。但是，他不是只說了這一句話。孔子說的這句話，就是在這一講要討論的主題。我們先來看這句話在《論語》裡是怎麼說的：

或曰：「以德報怨，何如？」

子曰：「何以報德？以直報怨，以德報德。」

這裡的「或」，意思就是有人、某人。「報」的意思是回報。「德」是指恩惠、善行。「怨」

呢，字面意思就是「導致怨恨的行為」，在這裡指「惡行」或「欺負人的行為」。「直」在這裡一般解釋為「公平、正直」。我們把這段話翻譯出來，大致是這樣：

有人問孔子：「用善行和恩惠來回報惡行，怎麼樣？」

孔子說：「如果這樣的話，該用什麼來回報善行呢？所以啊，應該用公平正直來回報惡行，用善行來回報善行。」

聽話聽音，孔子在這裡對「以德報怨」是什麼態度呢？沒錯，他是反對的啊！他含蓄地用了一個反問句：「何以報德？」如果你用善行來回報惡行，那用什麼來回報善行呢？最多不過是用善行來回報善行，對不對？這樣一來，無論惡行還是善行，得到的回報都是善行，這樣公平不公平？

關於「以德報怨」的問題，我們還可以再換個角度來考慮：無論別人對你是好還是壞，你都同樣對他好，憑良心講，你能真誠地做到這個地步嗎？在很多情況下，「以德報怨」是人們故意做出來的，這麼做的目的是什麼呢？或許是為了塑造自己寬宏大量的形

象，或許有的人是為了暫時麻痺對方，以求將來抓住機會給對方致命的報復（說到這裡，是不是有人想起越王勾踐和吳王夫差的故事）？

我們還可以從社會影響方面來考慮這個問題。倘若無論做好事還是做壞事，得到的回報都是一樣的，做壞事的人得不到應有的懲戒，他棄惡從善的動力又在哪裡呢？假如用公平正直的行為來回報惡行——公平，就是對等，你做出什麼事就付出什麼代價，做壞事的人得到懲戒後可以及時悔改，這其實是在挽救他，免得他在罪惡的行為中越陷越深。假如你就是被惡行傷害、欺負的對象，那麼「以直報怨」也是在用公平正直的行為及時保護自己免受更多傷害。

所以，孔子他老人家明確地主張「以直報怨」。不光人與人之間的往來應當這樣，國家與國家之間的往來更是如此。我們下面就講一個這方面的故事，講的是魯國和齊國之間一次重要的外交會盟——「夾谷之會」，《史記》和《左傳》上都有記載。這次會盟，魯國是由孔子主持。在這次會盟中，孔子就展現出他「以直報怨」的剛烈一面。

在講這次「夾谷之會」之前，有必要先了解一下當時的局勢。從春秋時代開始直到孔子生活的那個年代，有很長一段時期是晉國和楚國兩大強國在爭霸，晉國在北方，楚國在南方。傳統上，魯國這個中等國家一直是依附晉國的。而魯國的鄰居齊國是東方大國，歷史上，齊國和魯國摩擦不斷，經常發生戰爭。

「夾谷之會」發生在魯定公十年，當時孔子五十歲出頭，剛剛開始在魯國做官。也正是在這時候，晉國漸漸衰落，齊國則在齊景公的領導下逐步崛起，有取代晉國成為北方霸主的趨勢，而鄭國、衛國也都已經依附了齊國。所以，孔子考慮到魯國和齊國過去的積怨，為了保障魯國的安全，和齊國這個新興霸主弄好關係，極力主張齊、魯兩國國君來一場外交會盟，這就是「夾谷之會」的由來。

當時，魯國幾位掌權的貴族害怕遭到齊國的凌辱，控制不了場面，不敢出面。所以，這次會盟魯國方面就由孔子主持。出發前，孔子對魯定公說：「像這樣的外交場合，我們需要做好文武兩種準備，兩種都要強硬。」於是，魯定公就預備好了軍隊，由左、右司馬（「司馬」是當時武官的名稱）率領，陪同自己和孔子出發，前往會盟地點夾谷。

齊國那邊呢，果然做起了小動作。有個齊國大臣為齊景公出了這樣一個主意：「孔丘這個人啊，懂禮儀但不懂武勇。我們只要指使萊人把魯國的君主綁架、劫持住，然後跟他們談條件，就一定可

以如願以償。」

這「萊人」是什麼人？「萊」曾經是一個小諸侯國，當時已經被齊國滅了。「萊人」就是原先的萊國人後代，我們不妨把他們理解為生活在齊國境內，但是還沒有被齊國徹底融合、同化的「野蠻人」。齊國大臣提議用萊人來綁架魯國國君，這個主意其實挺賊的：要是綁架成功，齊國方面就可以趁勢提要求、占便宜；要是綁架搞砸了，齊國方面也可以把責任推個一乾二淨——他們都是野蠻人、不懂文明禮儀，胡鬧，你們不要當真！

不過由此可以看出，當時齊國雖然比魯國強大，但也不敢和魯國硬碰硬。

結果在會盟上，孔子一開始就機警地察覺到有一群萊人舉止異常，於是立刻吩咐左右司馬領兵保護好魯定公。然後，孔子從容地走近齊景公，對他說：「兩國的國君正在友好地會盟，這些蠻族人動作不規矩，像是要搗亂，這肯定不是您的意思吧？」齊景公聽了這話，感覺畢竟是自己理虧，只好順著臺階下，命令部下把萊人趕走。

到了即將結盟、宣誓的時候，齊國人在盟書上加了這樣一句話：「齊國軍隊出境作戰，魯國必須派三百輛戰車跟隨。有盟誓為證。」這是什麼意思呢？這是要求魯國承認齊國是老大，魯國當齊國的小弟，唯老大馬首是瞻。

此時此刻，齊國比魯國強大是客觀現實，這次「夾谷之會」其實也是魯國主動向齊國示好，希望盡棄前嫌共謀發展。所以，要是拒絕這個要求，恐怕這盟就結不成；但要是就這樣答應下來，又實在顯得太屈辱。那麼，孔子是怎樣應對的呢？

孔子吩咐人在盟書上加一句話：「齊國必須歸還魯國汶（ㄨㄣˋ）水北岸的土地。有盟誓為證。」原來啊，汶水北岸這片土地原先是魯國的叛臣陽虎的封地。當年陽虎叛逃到齊國，這塊地盤就順勢歸了齊國。孔子要表達的意思是：尊你們當老大也可以，但老大要有老大的樣子，要講公道。這片土地本來就屬於魯國，如今齊、魯既然結盟，齊國就沒有理由占著這片土地不放，是不是？同時，這也傳達出這樣一層意思：雖然魯國主動向齊國示好，但我們是有原則和底線的，不會任憑你們予取予求。

就這樣，在夾谷這個地方，魯國和齊國順利地結了盟。那年冬天，齊國就派人來魯國交割汶水北岸的土地。

大家看，在這次夾谷之會上，面對齊國的小動作和仗勢欺人，孔子都以公平、正直的方式給予回應。最終，他老人家不僅把事情

辦成，還為魯國爭取到實際的利益。在這樣的外交場合中，「分寸」的拿捏很重要。怎樣能夠既不放棄底線和原則，又能立足現實，盡量不引發不必要的激烈衝突？在這裡，孔子的表現可謂是智勇雙全，給我們做了一個很好的榜樣。

當然，齊國作為強大的一方，在夾谷之會上表現得還算講道理。假如齊國不講道理，堅持要挑戰魯國的底線，孔子也做好訴諸武力的準備。在出發前孔子就說了：「我們需要做好文武兩種準備，兩種都要強硬。」在《史記．孔子世家》中，這句話是這樣說的：「有文事者，必有武備；有武事者，必有文備。」

有人可能要說，這和「以直報怨」有關係嗎？有關係。正是因為孔子有這樣的覺悟，才會做出這樣的策略和行為。如果他一直認為「以德報怨」才是解決辦法，一味向齊國示好，恐怕早就被齊國欺負得家也不認得。而且這正好還強調了一點：以直報怨的「直」，主要強調的是「公平對等」，不是你用手打我一下，我就要拿大棒把你打到住醫院才行，而是要讓你明白，你做出的行為都會得到對等的回報、付出對等的代價。

那是不是我們碰到的所有事情，都要「以直報怨」呢？倒也不是，有時候，「以德報怨」也是非常需要的。

其實，「以德報怨」這個意思，在老子的《道德經》裡也出現過。老子是道家學派的創始人，孔子年輕時曾經向老子求教過。但是，我們介紹的《論語》原文，不見得是有意引用《道德經》，更不見得是直接針對老子的思想。現在的學術界一般認為，「以德報怨」應該屬於那個時代的流行說法，所以《道德經》和《論語》都會提到它。

在老子的《道德經》中，這個說法出現在第六十三章。原文是這樣：

「大小多少，報怨以德。」

大家可以感受一下，《道德經》的語言比《論語》更加簡潔抽象。這八個字究竟表達的是什麼意思呢？自古以來，各種解釋可多了。在這裡，我們只介紹一種解釋，它出自王弼（ㄅㄧˋ）的《老子道德經注》。王弼是三國時代的魏國人，是個少年天才，但只活了二十三歲。他是這樣解釋上面這八個字的：「小怨則不足以報，大怨則天下之所欲誅，順天下之所同者，德也。」

意思是說：小的惡行，沒必要去回應；大的惡行犯了眾怒，想要制裁他的人太多了，整個天下都是他的敵人。那什麼是「德」

呢？順應天下的大勢，這就是「德」。

在王弼的理解中，老子所說的「報怨以德」和孔子講的「以直報怨」與其說不是對立的，倒不如說是相輔相成：孔子強調的是，我們應該用公平正直來回報惡行；而老子強調的是，一個人惡貫滿盈，自然就會有公平的下場等著他，我們順著這個趨勢做事情就對了。「大小多少」，大致可以理解為：要根據事物的不同發展階段，來判斷它們的發展趨勢。

對於老子的思想，這裡點到為止。下面還是來說說「以德報怨」比較通俗的意思，那就是上文講過的：當別人對你不好、欺負你的時候，你反而對他更好，用你的愛心去感化他，用你的胸懷去感動他。在某些情況下，「以德報怨」可以獲得比較好的結果，我們下面要講的「楚莊王絕纓會」的故事，就是一個例子。

這故事的主人公是楚莊王。在《有故事的論語〔學習．處世篇〕》提到過「春秋五霸」，關於「春秋五霸」的說法有多種版本，在某些版本中，楚莊王也是「春秋五霸」之一。所以，他算是一位有雄才大略的君主。

絕纓會的故事說的是，楚莊王在一次打了勝仗後大宴群臣。君臣酒至半酣，楚莊王就把自己寵愛的妃子許姬喊出來向大臣們敬酒。這時候忽然吹來一陣大風，把大廳裡的蠟燭都給吹滅了，頓時全場漆黑一片。有一員武將因為一直垂涎許姬的美色，趁著酒興，就湊到許姬身邊動手動腳。許姬奮力掙脫以後，順手就把那個人頭上的纓，也就是繫頭盔、繫帽子的帶子扯了下來。

許姬把這帶子握在手中，立刻就到楚莊王身邊去告狀，說：「剛才敬酒的時候，有個人趁著黑燈瞎火對我意圖非禮，我把他頭上的帶子扯下來了。大王趕緊派人把蠟燭點上吧，看看頭上少了帶子的是哪個膽大包天的傢伙。」

楚莊王沉思片刻，命令人暫時不要點蠟燭，然後大聲對眾人說：「今天大家都那麼高興，我看還是盡量放鬆些不要拘束吧。大家乾脆把帽子、頭盔什麼的都脫下來，一起開懷暢飲！」於是，大家都解下了帽纓，「絕纓會」這個名稱就是從這裡來的。

蠟燭重新點上後，酒宴再次開始。楚莊王若無其事地談笑風生，始終沒有追查那個意圖非禮許姬的人，因為大家的帽纓都解下來，是誰非禮許姬就無從查起了。

宴會過後，許姬埋怨楚莊王不為自己出氣。楚莊王笑著說：「打了勝仗，君主和群臣一起盡情歡樂，酒後失態屬於人之常情，算不上多大的事。倘若為了這點事情懲罰功臣，會讓愛國的將士們感到心寒，將來難以為楚國盡心盡力。」

一番大道理，說得許姬啞口無言。

幾年以後，楚莊王出兵討伐鄭國。一位名叫唐狡的副將自告奮勇率領百餘名壯士當開路先鋒。唐狡和他的部下們奮力作戰、以死相拚，使得楚國大軍只花了一天就攻到鄭國國都郊外。於是，楚莊王要獎賞並重用唐狡，唐狡辭謝說：「當年絕纓會上，意圖非禮大王愛妃的正是下臣。蒙大王不殺之恩，所以今日捨身相報。」

知道了這個真相後，楚莊王和群臣們都感慨萬千。

你們看，故事中的楚莊王對待唐狡，可以算是「以德報怨」並得到好結果吧？「絕纓會」就成了一個著名的典故，用來說明寬宏大量終究會得到回報。

但是，在這裡要提醒一下，這個故事我們要用辯證的角度去看。

第一，請注意了，「絕纓會」這個號稱發生在春秋時期的歷史故事，在之前內容經常引用的《左傳》、《史記》之類比較可靠、比較經典的歷史文獻中，是找不到的。這個故事最早的出處，是西漢著名學者劉向編纂的雜事小說集《說苑》，因此它很可能是文人編造出來的故事，屬於文學創作。在這之後，「絕纓會」的故事被改

編成各種戲劇，增補上各種細節，在民間廣為流傳。

第二，還有很重要的一點，我相信有人已經看出來：在這個「絕纓會」的故事中，有一個人自始至終都沒有得到公平的待遇，就是楚莊王的愛妃許姬。許姬無辜受到別人的非禮，但她的權益自始至終沒有得到維護。也就是說，這樣一個女性在故事中成了犧牲品。其實，「絕纓會」的典故本來就有這方面的意思，就是宣揚不要為了女人耽誤事業，這才是「雄才大略」的男人應當有的樣子。在《三國演義》裡，劉備說過一句話：「兄弟如手足，妻子如衣服。」這句話至今還被一些男性得意揚揚地說。這是一種標準的「重男輕女」思想，這種觀念和思想都是絕對錯誤的。如果現在還有這種想法或說這種話的人，我們完全可以不用去理會他。

許姬這個角色其實還點出很重要的一點：如果你真的要「以德報怨」，首先就不能讓無辜的人為你犧牲，否則的話，你的行動最多只能算是權衡利弊的算計，無論如何都算不上「寬宏大量」，更談不上什麼「以德報怨」。

第三，我們可以再討論一下，在「絕纓會」的故事中，楚莊王的做法是不是值得提倡呢？楚莊王不追究調戲自己愛妃的部下，甚至特意為他做掩護，或許他是真心覺得這是小事一樁，不值得追究；或許他權衡了利弊，認為為了女人得罪功臣，不合算。

但是有一點請注意，無論如何，相對於那個做錯事的大臣，楚莊王總歸屬於強勢的一方，所以他根本無須擔心「以德報怨」會招來對方得寸進尺，給自己帶來更大的傷害。

我們不妨再想想上文講過的齊魯「夾谷之會」，魯國屬於弱勢的一方，面對齊國的小動作和咄咄逼人，如果魯國不及時應對或做出公正的反擊，任憑齊國予取予求，那麼最後的結果就一定是喪權辱國了。所以，實行「以德報怨」的一個重要前提就是：你得處於強勢的一方，至少不弱於對方，這樣可以讓對方沒有繼續傷害你的能力。

最後一點，我們再來看一下，在「絕纓會」的故事中，調戲楚莊王愛妃的副將唐狡，在被許姬扯走了帽纓之後，多半就知道自己過分了，惴惴不安地唯恐君主立刻點起蠟燭找自己算帳，所以看到君主特意給自己掩護，這才鬆了一口氣並且感恩戴德。酒醒之後，他想必更是後悔不已、後怕不已、內心慚愧，所以才會憋著一股勁想要找機會將功補過。

倘若唐狡從一開始就認為自己沒有做錯什麼，那麼即便楚莊王

沒事沒事，人都會有不小心，
下次注意就好了。
對不起……
......

放過了他，他也會理直氣壯地覺得這是自己身為功臣應當享受的待遇，把對方的「德」當成理所當然的事情接受，這種情況，就離「怙（ㄏㄨˋ）惡不悛（ㄑㄩㄢ）」不遠了（「怙惡不悛」是個成語，意思是堅持作惡、絕不糾正）。對於不知悔改的人「以德報怨」，不僅不用指望他會感恩、悔改，而且還會養虎為患，那就又成了之前講過的東郭先生了。

我們把以上四點概括總結，就是這樣的：

只有當你強大到有能力「以直報怨」，並且做錯事的一方也承認被你「以直報怨」是自己應該承受的後果，這時候你的寬宏大量、「以德報怨」才有可能讓對方感恩、悔改，才有可能帶來比較好的結果。而且，「以德報怨」不能以犧牲無辜第三者的利益作為代價。

｜本講重點｜

以直報怨

【原文】或曰：「以德報怨，何如？」子曰：「何以報德？以直報怨，以德報德。」

【出處】《論語・憲問》

【釋義】有人問孔子：「用善行來回報惡行，怎麼樣？」孔子說：「如果這樣的話，那該用什麼來回報善行呢？所以啊，應該用公平正直來回報惡行，用善行來回報善行。」

【理解】孔子明確地主張以直報怨。倘若提倡以德報怨，一方面容易讓人流於虛偽，一方面也會讓做壞事的人得不到應有的懲戒。

報怨以德

【原文】大小多少，報怨以德。

【出處】《道德經．第六十三章》

【理解】王弼的注解是：「小怨則不足以報，大怨則天下之所欲誅，順天下之所同者，德也。」意思是說：小的惡行，沒必要去回應；大的惡行犯了眾怒，想要制裁他的人太多了，整個天下都是他的敵人。什麼是「德」呢？順應天下的大勢，這就是「德」。

在王弼的理解中，老子所說的「報怨以德」和孔子講的「以直報怨」與其說不是對立的，倒不如說是相輔相成：孔子強調的是，我們應該用公平正直來回報惡行；而老子強調的是，一個人惡貫滿盈，自然就會有公平的下場等著他，我們順著這個趨勢做事情就對了。

「大小多少」，大致可以理解為：要根據事物的不同發展階段，來判斷它們的發展趨勢。

老子和《道德經》

老子姓李，名耳，字聃。春秋末期人，道家學派創始人。《史記》中的《孔子世家》和《老子韓非列傳》都記載，孔子年輕時曾經向老子求教。

《道德經》相傳是老子的作品，總共五千多字。《道德經》論述修身、治國、用兵、養身之道，文意深奧，包含廣博，是中國歷史上偉大的名著之一。

馬首是瞻

【原文】「荀偃令曰：『雞鳴而駕，塞井夷灶，唯余馬首是瞻。』」

【出處】《左傳·襄公十四年》

【釋義】瞻，意思是往上或往前看。馬首是瞻，本意是古代作戰時，士兵要看著主帥的馬頭決定行動的方向。後用來比喻服從指揮或樂於追隨。

予取予求

【原文】「唯我知女，女專利而不厭，予取予求，不女疵瑕也。」

【出處】《左傳·僖公七年》

【釋義】予取予求，意思是從我這裡取、從我這裡求。表示對我任意求索，貪得無厭。

本講重點

怙惡不悛

【原文】「長惡不悛，從自及也。雖欲救之，其將能乎？」

【出處】《左傳．隱公六年》

【釋義】怙，堅持；悛，糾正。整個成語的意思就是：堅持作惡，不肯糾正。

第九講

師道傳承：孔子的老師們

講到現在，不光談論了孔子的各種言行，而且他的眾位弟子，也有不少都登場亮相了。不知道大家對哪位弟子印象比較深？是亂事操盤手子貢，還是風風火火的子路？是一直快樂的顏回，還是後來留下很多語錄的曾子？

這個問題，相信每個人都有自己的答案。不過，我想問大家另一個問題。我們都知道，沒有人是一生下來就做老師的，他們也有做學生的時候。換句話說，老師曾經有自己的老師。孔子作為老師，教出了一批厲害的弟子，那教孔子的老師，究竟是什麼樣的人呢？是不是更厲害呢？現在就來討論這個話題。

先回到司馬遷先生寫的著名的《史記》。《史記》裡有一篇叫《仲尼弟子列傳》，講的就是孔子諸位弟子的故事。例如在《有故事的論語〔學習．處世篇〕》講過子貢先生的「亂世操盤」神操作，就出自《仲尼弟子列傳》。在這篇文章中，司馬遷在講述孔門弟子的故事之前，先列舉了一串名字，說孔子把這些人奉為老師，一生尊敬他們。

這些老師是誰呢？我們要說的第一位孔子的老師，就是前文提到過的老子。

老子是道家學派的創始人，姓李，名耳，別名老聃（ㄉㄢ），號老子。那時候老子做的工作，相當於周王室圖書館的管理員。孔子曾經當面向老子請教。據《史記》的《老子韓非列傳》記載，當時的情況大致是這樣：

當時孔子特地到周朝的首都，向老子請教禮的問題。老子就回答他：

「你講的這些禮啊，倡導它的那些人，骨頭都已經腐爛了，你看到的只不過是他們留下的言辭。君子在時來運轉的時候，就可以好好做一番事業，但如果生不逢時，能保全性命就很不錯了。善於經商的人，會把貨物隱藏起來，好像什麼東西都沒有；而具有高尚品德的人，外表反而謙虛得像愚鈍的人。所以，最好拋棄你的驕氣和過多的願望，拋棄你做作的神態和過大的志向，這些對你都是沒有好處的。我能告訴你的，就這些罷了。」

孔子對老子的這番教誨是怎麼評價的呢？

他回去以後和弟子們說的話翻譯過來是這樣：

「鳥，我知道牠能飛；魚，我知道牠能游；獸，我知道牠能跑。會跑的，我們可以織網捕獲牠；會游的，我們可製絲線去釣牠；會飛的，我們可以用箭去射牠。至於龍，我就不知道該怎麼辦了，牠是駕著風而飛騰升天的。我見到的老子，大概就是龍吧！」

可見孔子對老子的評價是非常之高！

再回過頭來看老子對孔子說的這段話，其實可以分為三個層次，在這裡一一詳述，你們就會發現，這和後來孔子教育弟子們的，也就是我們學過的《論語》裡記錄的那些話，意思都是相通的。

先說第一層，老子先說講過這些東西的人，都已經是死人啦，骨頭都腐爛啦！

什麼意思？就是說，古人說過的話是會過時的，假如把古人的言辭奉為教條刻板地去執行，就犯了「刻舟求劍」的毛病。大家還記得這個成語嗎？在《有故事的論語〔學習・處世篇〕》說過。我們學過的《論語》中，表達相同意思的那句話是什麼？就是「學而不思則罔」：光知道學習古人的言辭，不懂得思考，不會活學活用，就是犯糊塗。

而且，孔子還在這個基礎上更進一步，提出「溫故而知新」，意思就是：就算古人講的東西已經過時了，但是我們的發明創造還是得站在以往成果的基礎上，所以古人說過的對的東西依然需要「溫習」，不能扔掉不管。不然就像那個吃燒餅的人一樣：「早知道第七個燒餅一吃就飽，我就不吃前面六個了。」——這不就鬧了大笑話嗎？

再來看第二層意思。

老子說遇到好時代、好的機遇，在時來運轉的時候，君子可以好好做一番事業，否則的話，能保全性命就可以了。

這個話題之前也討論過，就是人的命運不能光靠自己奮鬥，也要考慮到歷史進程，人要學會適應環境。在《有故事的論語〈學習．處世篇〉》中講過，那位挑著草筐的高人聽了孔子演奏的音樂後，大家還記得他是怎樣評論的嗎？高人的大概意思是：

擊磬的先生，真是很執著啊。可惜這世界並不理解你，你又何必一心想要改善世界呢？為自己活著就可以了。就好比徒步過河，假如水淺得剛剛沒過腳面，不妨撩起衣服蹚過去；假如水深得淹過腰帶，就穿著衣服游過去好了，因為無論如何衣服總會弄濕的嘛！

大家看，這位高人像不像老子的傳人？當時，孔子的回答就一句話：「果哉，末之難矣。」

意思是：這位隱士，既然您果斷地選擇了自己的人生道路，我無法反駁您。

可以看出，孔子對於隱士的人生選擇，是表示理解並尊敬的。甚至他在心裡還會把這位隱士視為知己，因為人家畢竟說中了他的心事。但是從「無法反駁您」的語氣中，我們可以看出，孔子還是有所保留，那是他的堅持：

即使世界是個戰場，我們要改善世界的努力依然不會懈怠。我們可以因勢利導地盡可能保護好自己的家園，可以保存好「君子」的精神，可以整理好古老的文獻，便於未來的人們理解這個時代，理解他們自己的人生。

我們再來看老子的第三層意思。

善於經商的商人會讓財富深藏不露，越是有品德、有能耐的君子，外表越是愚鈍淳樸。這裡的「深藏不露」，意思就是不求被別人知道、了解。

不知道大家是不是想起了之前學過的孔子的那句話？

你為什麼考卷上
一個字都不寫？
老師有教：
要深藏不露，
有學問不能隨便賣弄。

「人不知而不慍，不亦君子乎？」

倘若有人做到老子說的那樣，深藏不露，外表愚鈍淳樸，不求被別人知道、了解，那麼他當然就能夠做到「人不知而不慍」，稱得上是一位君子了。

老子把這一點理解得很透：倘若你刻意想要別人知道你的好，那是因為你有傲氣和多餘的慾望。所以，他對孔子說：「去掉你的傲氣和多餘的慾望，這些對你沒有好處。」確實，這些都屬於外在的虛榮浮華，對於君子看重的自身內在修養沒有好處。

大家不妨回想一下：孔子說的「人不知而不慍」，內涵和老子講的還是略有不同。孔子強調的是，當別人不了解你的好時不要生氣，但沒有說「深藏不露」一定就好。倘若遇到真正了解自己的朋友，孔子多半會很快樂地敞開心扉吧，要不然他怎麼會這樣說：「有朋自遠方來，不亦樂乎？」

當然，老子說的也是在和一般人打交道的情況下，如果遇上知心的朋友，相信他不會教導孔子要深藏不露吧。

不過，我們可以發現，孔子雖然非常佩服老子，也很贊同老子說的話，但作為學生，他還是把自己的理解融會貫通到老子講給他的話中，這說明他不光是在學習，還在思考自己的不足，以及別人的優點，甚至別人的缺點。

關於這一點，《論語》中講孔子的求師之道時，有過一句話。這句話非常有名，是這麼說的：

> 子曰：「三人行，必有我師焉！擇其善者而從之，其不善者而改之。」

這段文字意思不難，我們不妨這樣來翻譯：

孔子說：「三個人同行，其中必然會有我的老師。看到他人身上的優點，我可以向他學習；看到他人身上的缺點，我也可以藉此機會反思、改進自己。」

之前說到過孔子的一句話，就是「無友不如己者」。這句話的意思之一就是，只要你善於發現朋友身上的優點，就沒有所謂「不如」你的朋友。

「求師之道」也是這樣，只要你善於發現別人的優點，並且能夠積極學習，那麼隨時隨地都可以找到學習的對象，都可以找到老師。

不僅如此，假如別人的缺點可以讓你引以為鑑，那麼不完美的

人其實也是你的老師，不是嗎？所以，做到「三人行必有我師」這種境界，關鍵還是在於你自己：你有沒有判斷善惡的眼光？有沒有時時刻刻反思自己、改進自己的胸懷？

老子曾經教導孔子要怎樣不拘泥於古人，怎樣深藏不露，怎樣改正自己身上的驕氣和不切實際的志向。而孔子對老子的教導，不光有繼承，還有變化、有發展。所以，我們用四個字來形容這種關係，就是「師道傳承」。意思就是，好老師帶出好學生，而好學生還會成為好老師，再帶出好學生。這就是生生不息的師道傳承。

關於這一點，《論語》中有這樣一句話：

子曰：「當仁，不讓於師。」

這句話也是成語「當仁不讓」的出處。

這裡的「當」，意思就是「擔當」。我們之前講過，「仁」這個字的內涵可豐富了，不妨將其簡單理解為心靈敏銳又寬廣，和世界息息相關，和他人心靈相通。此外，「仁」的內涵中也包括「自由」的意思：時時接受宇宙的訊息，隨著世界、社會、他人的變化調整自己、精進自己；倘若做到了「仁」，那麼無論身處順境還是逆境，你都是自由的。

這句《論語》原文，我們可以這樣來翻譯：

孔子他老人家說：「要把『仁』擔當起來，即使面對老師，也無須謙讓。」

所謂把「仁」擔當起來，就是一個讓你不斷進步的過程。溝通他人，理解世界，形成自己的判斷力和行動準則，這些都是擔當起「仁」要做的事。在這個過程中，老師能發揮的只是引導的作用，無法代替你完成這一切。所以，你在這個自我學習、自我進步的過程中有了真切的領悟，找到適合自己的道路之後，就不必把自己限制在老師的教導中，你可以勇敢地繼續前進，這就是「面對老師，也無須謙讓」的意思。

而且，世界在發展，時代在變化，老師掌握的內容也需要與時俱進。根據你自己的心來開闢出新的道路，這也是對老師的幫助和最好的回饋。所以，孔子他老人家說：「當仁，不讓於師。」他這樣鼓勵弟子們，他自己也是這樣做的。

順便說一句，古希臘有一個大哲學家叫亞里斯多德，他說過一句著名的話，可以和孔子說的「當仁，不讓於師」相互印證，那就是：「吾愛吾師，吾更愛真理。」

亞里斯多德的老師是誰呢？也是古希臘著名的大哲學家，大名

鼎鼎的柏拉圖。所以，儘管柏拉圖也非常權威，但是亞里斯多德的意思和孔子是一樣的，就是「當仁，不讓於師」。

接下來，要說說孔子的第二位老師。這裡要說一句，我們說的第一位和第二位，不是按照孔子拜師的時間順序來的，是按照我們述說的順序。

我們要說的孔子的第二個老師，叫蘧（ㄑㄩˊ）伯玉，他是當時衛國的大夫。《論語》中並沒有直接記載孔子和蘧伯玉之間的互動，但有過一段關於間接往來的記錄。《論語》是這麼記載的：

蘧伯玉使人於孔子。孔子與之坐而問焉，曰：「夫子何為？」對曰：「夫子欲寡其過而未能也。」

使者出。子曰：「使乎！使乎！」

這段話是什麼意思呢？就是蘧伯玉派遣使者來孔子家。孔子和使者一起坐下，問道：「你家先生在做些什麼？」

這個使者就回答：我家先生總是在「欲寡其過而未能」。什麼意思呢？就是說這位蘧伯玉老先生，一直想減少自己的過失，改正自己的缺點，但總覺得做不到。應該說，這位使者描述自己家先生的話既自豪，又謙虛，還不卑不亢。所以，孔子等這個使者走了之後，就連連讚歎：這個使者啊！這個使者啊！就是在誇他。

當然，這段話要看的重點，不是這個使者如何會說話，而是孔子的這位老師蘧伯玉是如何一直嚴格要求自己的。

另一本古書《淮南子》是這樣描述蘧伯玉的：「行年五十，而知四十九年非。」意思是這位老先生到五十歲的時候依然在不斷反省，覺得自己以前四十九年的很多認知都是錯的。

這種不斷修正自己、不斷接受新鮮事物的心態，是很重要的。不知道大家有沒有想起，後來孔子也曾說過一句有異曲同工之妙的話？就是在《有故事的論語〔學習・處世篇〕》一開始介紹孔子這個人的時候說的，他說自己「不知老之將至」，就是他並不知道或者說並不覺得自己老了，這說明他的心態一直是很年輕的。

作為自然界的規律，每個人生理意義上的身體都會慢慢衰老。如何才能保持年輕呢？就是永遠不要讓心靈僵硬，讓心靈保持柔韌，保持求知的激情和遷善改過的器量，時時刻刻都能容納新訊息，以此修正自己的知識體系，改正以往的錯誤——心不老，我們就不會老。

這是孔子從他老師蘧伯玉那裡學到的，他把這個道理傳授給他的弟子，也告訴了我們。

接下來，我們要說說孔子的第三位老師，他的音樂老師——師襄子。孔子曾向師襄子學習演奏古琴。

《史記》中的〈孔子世家〉記載，孔子跟師襄子學習一首古琴曲。學了十天，孔子依然在練習同一首曲子。師襄子說：「你可以學習新內容了。」孔子說：「曲調我是練熟了，可是節奏我還沒有掌握呢。」過了一段時間，師襄子說：「節奏你已經掌握了，可以繼續往下學了。」孔子說：「我還沒有把握這支曲子的主要思想呢。」又過了一段時間，師襄子說：「主要思想你已經把握得很好了，可以繼續往下學了。」孔子說：「我還沒有感受出創作這支曲子的是一位怎樣的高人。」過了不久，孔子默然沉思、怡然遠望，神采飛揚，說：「我看到他了。他膚色黝黑、身材頎長、目光深邃，如同統治著四方。他不是別人，正是周文王。」

師襄子一聽孔子說這句話，馬上離開座席，恭恭敬敬地行了兩次拜禮，說：「我的老師說過，這首曲子就叫《文王操》。」

從這個故事可以看出什麼？首先，我們可以看到，孔子他老人家學習新鮮東西精益求精。但還有一點，你們有沒有注意到？就是孔子的老師師襄子，在孔子說出周文王的時候，恭恭敬敬行了兩次

拜禮。這個細節，《史記》中記載的是「師襄子辭席再拜」，沒有說他是向誰行拜禮。我想無非就兩種可能：一是向周文王表達尊敬，行拜禮說明這位老師很講究禮節；而另一種可能是向孔子行了拜禮——你居然連這個都聽出來了，厲害啊！佩服你！如果是第二種情況的話，這位師襄子也很了不起，作為老師，發現學生有過人之處，一樣會表示自己的尊敬和佩服，這其實也驗證了剛才的那句著名的話：「三人行，必有我師焉。」

最後，再回到這一講的主題上：

好的學生，在他的人生各階段，肯定會有一個甚至幾個對他影響非常大的好老師，而學生成才之後，也會成為一名好老師，去教育更多的學生，只是這種教育和傳道未必一定要成為一名職業老師，未必一定要在教室裡、講臺旁才能完成。

所以，一代又一代，我們說「師道傳承」，就是這個意思。這也是人類文明歷經一代又一代，能夠薪火相傳，不斷發展和進步的一個重要原因。

| 本講重點 |

三人行，必有我師

【原文】子曰：「三人行，必有我師焉！擇其善者而從之，其不善者而改之。」

【出處】《論語．述而》

【釋義】孔子他老人家說：「三個人同行，其中必然會有我的老師。看到他人身上的優點，我可以向他學習；看到他人身上的缺點，我也可以藉此機會反思、改進自己。」

【理解】只要你肯虛心學習，別人身上總有值得你學的東西。

深藏不露

【原文】吾聞之，良賈深藏若虛，君子盛德容貌若愚。

【出處】《史記．老子韓非列傳》

【釋義】善於經商的人，會把貨物隱藏起來，好像什麼東西都沒有，而具有高尚品德的人，容貌反而謙虛得像愚鈍的人。比喻人有知識才能但性格內斂，不愛在別人面前賣弄自己的才能。

【理解】這是孔子向老子請教禮的時候，老子的回答。有時候，我們如果有一點本事，有一點成就，放在肚子裡，比展露出來生怕別人不知道，其實要好很多。

當仁不讓

【原文】子曰：「當仁，不讓於師。」
【出處】《論語．衛靈公》
【釋義】孔子說：「要把『仁』擔當起來，即使面對老師，也無須謙讓。」
【理解】「當仁不讓」發展到現在，指遇到應該做的事就積極主動去做，不推讓。

欲寡己過

【原文】蘧伯玉使人於孔子。孔子與之坐而問焉，曰：「夫子何為？」對曰：「夫子欲寡其過而未能也。」
【出處】《論語．憲問》
【釋義】蘧伯玉派遣使者來孔子家。孔子和使者一起坐下，問道：「你家先生在做些什麼？」使者回答：「我家先生一直想減少自己的過失，改正自己的缺點，但總覺得做不到。」
【理解】一直能反省自己的過錯，是非常難得的一種品格。永遠保持求知的激情，時時刻刻都能夠容納新訊息，以此修正自己的知識體系、改正以往的錯誤——心不老，我們人就不會老。

第十講

知我罪我，其惟春秋

不知不覺，本書的「修養篇」已經迎來尾聲。現在，我們要來說說孔子他老人家晚年完成的一件大事，就是編訂一部叫《春秋》的史書。

我們都知道，中華民族是一個農耕民族，所以古人非常重視春季和秋季兩個季節的祭祀——一個季節是播種，一個季節是收穫。所以，「春秋」這個詞語原來指「春季」和「秋季」，但後來就慢慢泛指一年四季，可以用來指時光、光陰。而孔子編的這部史書，也是以「春秋」來命名的。

關於孔子編《春秋》這件事，孔子的傳人孟子有過描述，《孟子》中的原文是這樣說：

> 世衰道微，邪說暴行有作，臣弒其君者有之，子弒其父者有之。孔子懼，作《春秋》。《春秋》，天子之事也；是故孔子曰：「知我者其惟《春秋》乎！罪我者其惟《春秋》乎！」

這段話第一句的意思是：

太平世界和仁義之道逐漸衰敗下來，荒謬的學說、殘暴的行為又起來了。有臣子殺死君王的，也有兒子殺死父親的。

我們在《有故事的論語〔學習．處世篇〕》這本書一開始就講過，孔子他老人家所在的春秋時代是周王朝的後期，原先分封的各個小國家有些已經做大做強，而周王室卻越來越衰落，漸漸控制不住勢力越來越大的各國貴族們了。在整個春秋時代，國與國打來打去的事情幾乎年年都有。在國家內部，貴族們窩裡反、互相鬥個你死我活的故事屢見不鮮。正是在這樣的大時代中，貴族的學問「六藝」逐漸散播到民間，像孔子這樣私人講學的風氣也就產生了。

「孔子懼」中的「懼」，不是「懼怕」的意思，在這裡可以理解為「憂慮」。這句話可以這樣翻譯：孔子對於這樣的時代環境深感憂慮，所以編訂了《春秋》這樣一部歷史書。

《春秋》到底是一部怎樣的作品呢？其實「春秋」這個說法，在孔子之前就已經存在。孔子所在的魯國的編年史，就叫「春秋」。編年史是什麼呢？就是以時間為脈絡編寫的史書，你可以把它理解為「某年某月某日，發生了什麼事」。那為什麼叫《春秋》呢？還是之前提到的原因，在國古代，「祭祀」和「戰爭」是那個時代的國家大事，而這樣的大事往往在春耕之前或秋收之後進行，為的是盡量不影響農業生產。所以，魯國把記錄每年國外、國內大事的編年史命名為「春秋」。而孔子的作品《春秋》，就是以魯國原有的編年史為基礎，編輯、修訂而成。

孔子編訂《春秋》，是因為他感到那個時代道德敗壞。所以《春秋》這部歷史作品不僅僅是把事實記錄下來，還用非常簡潔的筆法表達孔子對各種歷史大事的評價和判斷，包含孔子自己的觀點，但這些觀點他用非常隱晦的手法表現出來，不是直接寫：「啊！這個人好壞啊！」、「啊！這件事好糟糕啊！」

孔子的這種手法，就是後來人們常說的「春秋筆法」。

從某種意義上說，《春秋》這部史書表達的是孔子心目中理想的道德規範和行為準則。他編訂這部作品，也是為了給後來的人們提供參考和借鑑，以指導他們的行為和選擇。所以，我們把「孔子作《春秋》」這件事情放在這篇的最後，作為對「修養」這個話題的總結。

雖然《春秋》這部史書記載的時間長達兩百四十多年，可是它的語言表達非常簡潔精煉，全書不超過兩萬字。所以即使是古人，閱讀《春秋》這部作品也離不開解釋和說明。在對《春秋》進行解

釋和說明的作品中，最古老、最著名的有三部，合稱「《春秋》三傳」，分別是《春秋左傳》、《春秋公羊傳》和《春秋穀梁傳》。在這裡，「傳」的意思就是「注解」。

其中，《春秋左傳》簡稱《左傳》，大家一定還記得，我們之前常常提到這部古書。《左傳》的作者是左丘明，他和孔子生活在同一個時代或稍後一點。《左傳》中有很多生動精采的歷史故事，大家有興趣可以去讀一下。《春秋公羊傳》和《春秋穀梁傳》主要解釋「春秋筆法」，發掘《春秋》裡面包含的價值觀。其中，《春秋穀梁傳》的觀點比較溫和，而《春秋公羊傳》的觀點就比較激進。所以，後來有許多改革家都喜歡談《春秋公羊傳》。

我們再回到孟子的那段話，說說「天子」這個詞。我們現在知道，「天子」一般是指古代的最高統治者，也就是皇帝。而在春秋戰國時代，「天子」這個詞不一定指最高統治者，但總歸是一種尊貴的身分。「《春秋》，天子之事也」，意思是說：編訂歷史、制定道德規範，這是尊貴的人的事業；孔子出於不得已，把這樣尊貴的

使命攬到自己身上，一定會招來非議；但是無論他人如何評論，孔子還是會義無反顧地這樣做。所以，孔子說：「對我的了解，恐怕就在於這部《春秋》了；對我的責備，恐怕也在於這部《春秋》了。」這就是「知我者其惟《春秋》乎！罪我者其惟《春秋》乎！」的意思。

自古以來，「記錄歷史」就不是一件小事。而且，「歷史的記錄者」，就是史官這個人，大家千萬不要小看他，有時候他擁有的權威比統治者還要大。

在孔子之前，這樣的傳統就已經存在了：一般有兩位史官默立在君王的兩側，記錄君王的言行。在位的君王不可以閱讀史官對於自己的記錄，只有他的繼承者在他死後才可以閱讀。在孔子的時代，各國的史官對於褒貶詞語的使用都是非常嚴肅和謹慎。

接下來，我講一個《左傳》裡的故事，你大概就會明白了。

這個故事說的是齊國大臣崔杼（ㄓㄨˋ）密謀殺死了齊國的國君，結果史官立刻就寫下「崔杼弒其君」。你們看，「弒」這個字本

身就包含「以下犯上」的意思，這可以算是「春秋筆法」的一個簡單例子。崔杼知道這件事後大怒，立刻下令殺了這位史官。被殺的史官的弟弟也是史官，聽到哥哥被殺，前去接替哥哥的職位，同樣寫下「崔杼弒其君」。然後呢？他也被殺掉了。這個史官還有個三弟，他接著趕來，寫下同樣的五個字。崔杼最終沒有敢繼續殺害史官的三弟。但與此同時，還有另外一位史官，聽到崔杼接連殺了兩位史官，立刻就抱著竹簡趕來——那個時代，寫字多數都是寫在竹簡上——準備繼續如實記錄。路上有人告訴他：「你別去啦！被殺史官的三弟已經把事實記錄下來了！」於是，這位史官才放心地返回。

古代的史官對於自己的職責和歷史記錄的真實性，是懷著高貴的忠誠，而統治者最終對他們也是沒有辦法的。

還有一個中華民族的古老傳統，也和《春秋》有關，就是「謚（ㄕˋ）號」的傳統。這一傳統從西周時代就開始了。

古代有身分的人去世之後，活著的人根據他生前的是非功過，會給予他一個簡短的評價，這就是「謚號」。

《論語》中就有關於謚號的討論：

子貢問曰：「孔文子何以謂之『文』也？」

子曰：「敏而好學，不恥下問，是以謂之『文』也。」

這裡的孔文子，是衛國的大臣孔圉（ㄩˇ）。「文」這個字是他死後得到的評價，就是諡號。「不恥下問」到現在也是常用的成語，意思是「向地位比自己低的人請教不感到羞恥」，這是一種可貴的品德。把這段話翻譯出來，大致是這樣：

子貢向老師請教：「孔文子為什麼得到『文』這個諡號呢？」

孔子回答說：「他聰明靈活、愛好學習、為人謙虛，向地位比自己低的人請教不感到羞恥，所以用『文』做他的諡號。」

你們看，簡簡單單一個「文」字，就可以包含這樣豐富而生動的內容。「春秋筆法」用簡潔精煉的記錄表達對歷史事件的評價和判斷，甚至把理想的道德規範和行為準則寄託其中，這樣的歷史寫法和用諡號評價死者的古老傳統，可以說是一脈相承。

這裡還要提一句的是，之前說過的魯定公、齊景公、齊威王、楚莊王等，他們稱呼中的「定」、「景」、「威」、「莊」等都是諡號，也就是這些君王死去之後得到的評價。楚莊王在活著的時候是根本

不知道自己叫「楚莊王」的，也不可能有人這樣稱呼他。

熟悉清朝歷史的人可能知道，我們有時會把曾國藩叫作「曾文正公」，把李鴻章叫作「李文忠公」，這個「文正」和「文忠」就是曾國藩和李鴻章去世後得到的謚號，可見這個傳統延續了二千多年。

在我們讀的《論語》中，並沒有直接提到《春秋》的段落。不過，一些關於治學態度、治學方法的孔子語錄，可以說是和編訂《春秋》這件事情息息相關的。

例如《論語》中的這段話：

子曰：「述而不作，信而好古，竊比於我老彭。」

這裡「竊」是表示「謙虛」。我們現在說「竊以為」，意思是「我私下裡認為」、「我個人認為」，表示這僅僅是我個人的觀點。「老彭」呢，有的說法認為這是商朝的一位賢能大臣，有的說法認為這是指老子和彭祖兩個人。但不管採用哪種說法，「老彭」都是指賢能的人，我們知道孔子把「老彭」視為自己的榜樣就可以了。「述

而不作，信而好古」的字面意思不難理解。把這段話翻譯出來，大致是這樣：

孔子說：「闡述而不創作，信任並愛好古人留給我們的經驗。私下裡我把自己和老彭相比。」

這裡講的「闡述而不創作」，意味著對於真實性的忠誠。

古代的史官向來有這個傳統，前面已經舉過例子：為了記錄「崔杼弒其君」這樣一件事實，史官們可謂是前仆後繼。但是，這個闡述的「述」，並不是指對著一個現成的東西照抄就行了。記錄歷史或者概括一個人的是非功過，總要帶上一定的價值觀或行為規範、道德標準，並且要把這些觀點提煉成精確到位的文字。從西周時代開始的「謚號」傳統，到孔子透過編訂《春秋》來寄託自己的理想世界，這些都是在「述」。「述而不作」，意味著價值觀、理想這樣的東西都不是憑空「創作」出來，而是從事實、歷史經驗當中總結和提煉出來的。簡單地說，「述而不作」的精神就是實事求是，或一切從實際出發。正如我們在「修養」這個部分一再強調

的：「美德」不是高高在上的教條，它是人們在實際世界中與他人往來、博弈，然後詢問內心、做出選擇的結果。

而這裡所說的「信任並愛好古人留給我們的經驗」，當然也不是盲目地照抄古人的做法；是根據現實情況，活學活用，這個道理，在《有故事的論語〔學習．處世篇〕》中「溫故知新」那講中有提過。

孔子編訂的這部《春秋》，後來成為經典，對此後兩千多年的中國歷史產生很大的影響。到底影響有多大？我們來看兩個例子吧。

第一個例子發生在西漢。那是西元前五十七年，北方的匈奴發生內亂，幾派人馬相互爭戰。匈奴是西漢的主要對手，有人就向西漢朝廷建議，說這是個難得的機遇，可以派兵一舉將匈奴殲滅，永遠消除外患。於是，眾人去詢問當時的著名學者蕭望之，蕭望之先生就先引用了一句《春秋》裡的話。他說：「晉士匄（ㄍㄞˋ）帥師侵齊，聞齊侯卒，引師而還。」

這句話的意思是說，晉國的重臣士匄率領軍隊攻打齊國，聽到齊國的國君剛剛去世，就率領軍隊撤回了。《春秋》把這件事如實記錄下來，它明確表明態度了嗎？沒有。但我們能感受到，它對這種行為是表示讚美的。因為士匄不乘人之危，有風度，符合「禮」的要求。

蕭望之先生繼續說，當時的君子就認為士匄做得很對，足以以德服人。匈奴之前的單（ㄔ

ㄢˊ）于（匈奴的首領）曾經表示嚮往大漢的文化，特地派遣使者前來請求和親，這件事情整個國際都有耳聞。現在和親還沒有完成，這位單于就被叛軍殺害，這已經夠不幸了，如果我們出兵攻打他們，那是幸災樂禍、乘人之危，即使能夠打贏他們，影響也很不好，會損害我們的大國形象，傷害邊境小國對於我們的嚮往和信任。所以，我們應該派遣使者慰問他們，扶助弱小的一方平定內亂、恢復秩序。如此一來，大家都會對我們大漢的仁義行為心服口服，這才是展現大國風度的做事方式！

於是，漢宣帝聽從了蕭望之的建議，派遣特使和軍隊護送新的單于復位。匈奴內戰終止，恢復了和平與秩序。在這之後，單于朝見漢朝的皇帝，以「王」的身分受到接待，這也是蕭望之的建議。

在這個故事中，《春秋》似乎只用了隻言片語描述士匄的故事，就可以使幾百年後的匈奴少受戰爭的禍害。當然，我們也應該明白，蕭望之先生引用《春秋》裡的故事來應對實際問題，肯定不是盲目地照抄古人的做法或書上的教條。《春秋》裡面記載的事情很多，究竟哪一個事例適用於當前的情況？首先得結合現實做出判斷，然後再引經據典，找到一個鮮活的事例把道理講明白並且說服大家。

所以，《春秋》雖然好，還得看是誰來用。這個道理可以用《論語》中的一句話來概括：

子曰：「人能弘道，非道弘人。」

這句話翻譯出來就是：

孔子他老人家說：「人能夠把道發揚光大，而不是道把人發揚光大。」

一個人的學識、閱歷有了提升，自然就能夠從《論語》、《春秋》這樣的經典中讀出不一樣的東西，使經典發揮出更加遠大的作用。可見，和經典本身相比，在現實世界中提升自己的修為，才是更要緊的事情。

我要說的第二個例子，發生在唐朝。

參與這件事情的人有陳子昂和柳宗元，他們都是大文豪、大詩人。不過在這個故事裡，他們討論的不是文學，而是一個刑事案件。

這個案件發生在武則天的時代。有個名叫徐元慶的人，他的父親徐爽被縣裡的縣尉趙師韞殺害。後來呢，這個徐元慶為父親報仇，親手殺死了趙師韞，然後投案自首。當時，擔任諫官的陳子昂

建議這樣來處理案子：依法判處徐元慶死罪，同時在徐元慶的家鄉表彰他的行為，因為他為父報仇，符合孝道。

多年以後，柳宗元注意到這個案子，覺得裡面有問題，就特意寫了一篇叫〈駁復仇議〉的文章，反對陳子昂的處理辦法。

柳宗元認為，處理這個案子應該首先把整個事情的來龍去脈搞清楚。假如趙師韞這位政府官員貪贓枉法，害死了無辜的徐爽，而當地的官員又官官相護，使得徐爽的兒子徐元慶無處申冤，徐元慶逼不得已親手為父親復仇，這就是完全合乎禮義的行為，不僅沒有理由被處死，而且應當被表彰嘉獎。

假如這徐爽確實犯了死罪，趙師韞秉公執法處死了徐爽，那徐元慶根本就沒有「復仇」的正當理由。他出於私仇殺死趙師韞，當然應該被判死罪以正國法，並且沒有理由被表彰。陳子昂一方面處死徐元慶，一方面表彰徐元慶，貌似面面俱到，其實是自相矛盾、混淆是非。

最後，柳宗元引用《春秋公羊傳》裡的話，簡潔地概括了自己的觀點。《春秋公羊傳》裡的這句話，翻譯出來大致是這樣：

「父親無辜被殺，兒子就可以報仇；父親犯法被殺，倘若兒子還可以報仇，就只會引發無窮無盡的仇殺，禍害就永遠根除不了。」

當然，這裡要著重指出一點：這個故事裡的觀點，都是古人的觀點，這些觀點在當時是合乎道德標準的，但現在卻未必，我們需要用辯證的角度去看待。人類的文明總體來說是不斷進步的，法律體系也在不斷完善。如果這件事情發生在今天，無論對方犯了怎樣的錯，一切都應該交給法律來裁決，而不應該動用私刑——自己去把對方殺死，這同樣是違反法律的。

不過，就事論事來看這個案子，柳宗元的觀點是不是比陳子昂更有道理些？陳子昂的處理是基於這樣的立場：一方面是國法，一方面是孝道，最好兩者都照顧到。而柳宗元呢，他著眼的是事情本身的是非。柳宗元把事情整個分析一遍之後，引用《春秋公羊傳》裡的話為自己的立場提供支持。我們之前說過，《春秋公羊傳》就是注釋、講解《春秋》的書，而柳宗元的文章，等於又為《春秋公羊傳》裡的觀點提供了一個鮮活的解說和案例。我們可以看到，經典就是這樣，透過後人不斷解釋和實際應用，保持著自己的生命力，與時俱進，常讀常新。

所以，與其說孔子的《春秋》給我們提供了一套可以效法的結論和規範，不如說《春秋》給予我們的是一個個思考的支點，讓我們學會盡量理性、全面地處理現實中遇到的問題。《春秋》、《論語》等經典是如此，我們的這本書其實也是如此。

當然，我不是說這本書也是經典，還遠遠不是。我只是希望，大家在看過這本書之後，能更加理性客觀地看待各種問題，對自己、對社會、對人生，也會有更深刻和更積極的認識，能做到這一點，我就已經很欣慰！

| 本講重點 |

知我罪我，其惟春秋

【原文】世衰道微，邪說暴行有作，臣弒其君者有之，子弒其父者有之。孔子懼，作《春秋》。《春秋》，天子之事也；是故孔子曰：「知我者其惟《春秋》乎！罪我者其惟《春秋》乎！」

【出處】《孟子．滕文公章句下》

【釋義】太平世界和仁義之道逐漸衰敗，荒謬的學說、殘暴的行為又起來了。有臣子殺死君王的，也有兒子殺死父親的。孔子對於這樣的時代環境深感憂慮，所以編訂了《春秋》這樣一部歷史書。編訂歷史，制定道德規範，這是屬於尊貴的人的事業。所以孔子說：「對我的了解，恐怕就在於這部《春秋》了；對我的責備，恐怕也在於這部《春秋》了。」

【理解】《春秋》用簡潔的筆法表達孔子對各種歷史大事的評價和判斷，其中包含孔子自己的是非觀，這就是後來的人們常說的「春秋筆法」。編訂歷史，制定道德規範，這是屬於尊貴的人的事業；孔子義無反顧地把這樣尊貴的使命攬到自己身上。

《春秋》和「三傳」

《春秋》是孔子在魯國編年史的基礎上編訂的，時間長達二百四十多年，全書不超過兩萬字。

在對《春秋》進行解釋和說明的作品中，最古老、最著名的有三部，合稱「《春秋》三傳」，它們分別是《春秋左傳》、《春秋公羊傳》、《春秋穀梁傳》。

《春秋左傳》（《左傳》）的作者是左丘明，他和孔子生活在同一個時代或稍後一點。《春秋公羊傳》和《春秋穀梁傳》主要解釋「春秋筆法」，發掘《春秋》裡面包含的價值觀。其中，《春秋穀梁傳》的觀點比較溫和，而《春秋公羊傳》的觀點就比較激進，所以，後來有許多改革家都喜歡談《春秋公羊傳》。

本講重點

孔文子的謚號

【原文】子貢問曰：「孔文子何以謂之『文』也？」子曰：「敏而好學，不恥下問，是以謂之『文』也。」

【出處】《論語．公冶長》

【釋義】子貢向老師請教：「孔文子為什麼得到『文』這個謚號呢？」孔子回答說：「他聰明靈活、愛好學習、為人謙虛，向地位比自己低的人請教不感到羞恥，所以用『文』做他的謚號。」

【理解】古代有身分的人去世以後，活著的人根據他生前的是非功過，給予他一個簡短的評價，這就是「謚號」。這一傳統從西周時代就開始。「春秋筆法」和謚號的傳統是一脈相承的。

不恥下問

出處和釋義同上。

【理解】向地位、學問不如自己的人請教而不感到丟臉，形容謙虛好學，不介意向學識或地位都不及自己的人請教。

述而不作

本講重點

【原文】子曰：「述而不作，信而好古，竊比於我老彭。」

【出處】《論語・述而》

【釋義】孔子說：「闡述而不創作，信任並愛好古人留給我們的經驗。私下裡我把自己和老彭相比。」

【理解】「述而不作」意味著像價值觀、理想這樣的東西都不是憑空「創作」出來，而是從事實、歷史經驗當中總結、提煉出來的。「信而好古」，當然也不是盲目地照抄古人的做法，而是根據現實情況，活學活用。

人能弘道

【原文】子曰：「人能弘道，非道弘人。」

【出處】《論語・衛靈公》

【釋義】孔子說：「人能夠把道發揚光大，而不是道把人發揚光大。」

【理解】當一個人的學識、閱歷有了提升，他自然就能夠從《論語》、《春秋》這樣的經典中讀出不一樣的東西，使經典發揮出更大的作用。可見，和經典本身相比，在現實世界中提升自己的修為，才是更要緊的事情。

修養篇總結

人類的道德行為是經過漫長的進化歷程和社會歷史發展出來的。與整個人類歷史相比，從孔子時代到今天的兩千多年，只能算是短短的一瞬。那個時代對於德行的看法，已經發展得相當成熟。然而以現代的眼光看，或許難免有過時的成分，但是也有不少直到今天依然適用，並且能夠為當下的現實生活提供豐富的啟迪。這些，就是這本書「修養篇」想要跟大家分享的內容。下面，我們就來做一個簡要的回顧吧。

大家要是讀過《西遊記》，或許會記得，那隻從石頭裡蹦出來的猴子跳過瀑布，為孩兒們發現「水簾洞」這個洞天福地的時候，引用的正是孔子他老人家的話：「人而無信，不知其可也。」猴子同時要求大家履行約定，拜自己為王。

確實，「信任」是社會的傳動軸。有了信任，人類才有可能分工合作、和諧發展，這就是文明社會的起點。我們在第一講，具體講解了「信」這個基本美德的重要性和實際運用。

在第二講，我們講解身為團隊的管理者、領導者應該具備的美德：身先士卒，持之以恆，用孔子的話說，就是「先之，勞之，無倦」。

我們的先輩從蠻荒中創業，篳路藍縷、建設家園，離不開這種精神。這也是我們應當學習並傳承下去的。用曾子的話說：「士不可以不弘毅，任重而道遠。仁以為己任，不亦重乎？死而後已，不亦遠乎？」

評價一個人的德行，不應該著眼於射箭、駕駛馬車這樣的具體技術，而應該著眼於人的格局。所以孔子說：「君子不可小知，而可大受也。」

一個人有了大格局，就擁有別人奪不走的尊嚴。對他來說，世界是豐富的，快樂是隨時隨地的。他不藐視富貴，但富貴不是唯一值得追求的目標。正如孔子他老人家所說：「富而可求也，雖執鞭之士，吾亦為之。如不可求，從吾所好。」、「飯疏食，飲水，曲肱而枕之，樂亦在其中矣！不義而富且貴，於我如浮雲。」以上就是第三講的內容。

第四講，講的是人在現實世界中的進退、取捨。現實社會有險惡的一面，就連孔子都曾經說過：「道不行，乘桴浮於海。」該堅持什麼，放棄什麼？一個人的閱歷和修為決定了他的判斷力、行為分寸和原則底線。在每一個人生重大關頭都能做出正確選擇、從而過上自己想要的生活的人，是值得我們欽佩的。

顏回是孔子最得意的弟子之一。孔子這樣誇獎他：「賢哉！回也。一簞食，一瓢飲，在陋巷。人不堪其憂，回也不改其樂。賢哉！回也。」

顏回的快樂源自心靈的力量。正如他能夠做到「不遷怒，不貳過」，這是心靈強大的表現。顏回這樣的境界不可能一蹴而就，希望我們的第五講，可以為你埋下一顆小小的種子。好事和壞事，往往可以相互轉化。胸襟開闊的人，即使面對不利條件，也會從好的一面理解它，並且有能力把不利條件轉化為有利條件。孔子就是這樣，把出身貧賤理解為自己的優勢所在：「吾少也賤，故多能鄙事。」

孟子也說過，苦難是一種磨練，可以把人造就成堪當大任的人：「故天將降大任於是人也，必先苦其心志，勞其筋骨，餓其體膚，空乏其身，行拂亂其所為，所以動心忍性，曾益其所不能。」

所以，我們不妨相信一切都是最好的安排，這也包含在「仁」的境界中。正如孔子所說：「不仁者，不可以久處約，不可以長處樂。」以上就是第六講的主題。

在第七講，我們說到，做好人既需要明辨是非，也少不了理性的分析、思考，不然，就有可能變成孔子所說的「鄉原，德之賊也」。做一個真正的好人，不僅需要為人真誠，也需要透徹地理解世界的運作，這方面，可以說是「學無止境」的。

面對惡行或欺負人的行為，究竟應該「以直報怨」還是「以德報怨」？孔子明確地主張「以直報怨」：「何以報德？以直報怨，以德報德。」在齊魯夾谷之會上，孔子挫敗齊國的陰謀，並且為魯國爭取到現實利益，這就少不了「以直報怨」的覺悟。

至於「以德報怨」，在有些條件下可以取得好的結果：當你強大到有能力進行「以直報怨」，並且做錯事的對方也承認被你「以直報怨」是自己應該承受的後果，這時候你的寬宏大量、以德報怨才有可能讓對方感恩、悔改。並且要記得，真正的「以德報怨」不可以讓無辜的人為你犧牲。這些就是第八講的內容。

「三人行，必有我師焉。」在第九講，我們介紹了孔子和幾位老師的互動。對於老子的教導，孔子既有繼承，又有發展，就像古希臘的大哲學家亞里斯多德說的：「吾愛吾師，吾更愛真理。」古典時代的大師和偉人，是老師中的老師，是我們靈感的源泉。

在第十講，我們來到「修養」篇的總結。孔子透過編訂《春秋》這部史書，寄託自己心目中的理想世界，這是對中國古典史官傳統和謚號傳統的繼承。

「述而不作，信而好古」，意味著價值觀、理想這樣的東西都不是憑空「創作」出來，而是從事實、歷史經驗當中總結、提煉出來的。

與其說孔子的《春秋》為我們提供了一套可以效法的結論和規範，不如說《春秋》給予我們的是一個個思考的支點，讓我們學會盡量理性、全面地處理現實當中遇到的問題。

古今多少事，一篇讀罷頭飛雪。在這本書的天地篇，我們將和孔子以及他的弟子們一起暢遊更加廣闊的時空。

天地篇

第十一講

逝者如斯

從這一講開始，將正式進入本書的天地篇。「天地」是什麼？在中國古時候，「天地」意味著人類生活在其中的整個世界，沒有比這更大的概念了。

如今，現代人在表達「最大」或者「無邊無際」的概念時，會用哪個詞呢？沒錯，就是「宇宙」。

「宇宙」這個詞，來歷也是很古老的。它最早出自一部戰國時代的古書——《尸子》，這本書記錄的是一位叫「尸子」的人的言論。當時這個人很有名，他的言論主要傾向於道家學說。雖然這本書沒有流傳下來，但其中的一句話流傳下來了，且非常有名，那就是：

「上下四方曰宇，往古來今曰宙。」

這是現在找到關於「宇宙」最早的定義和出處。這句話其實並不難理解：上下四方，就是指空間；而往古來今，當然就是指時間。「宇」和「宙」這兩個字連在一起，就是空間加時間。無限廣闊的時空，就是我們生活在其中的整個世界了，而這整個世界，就是古人所說的「天地」。

所以，在這本書的「天地」部分，我們會把視野放大，在廣闊的空間和時間的大背景下，回過頭來看看生活在天地之間的我們，也就是「人」。

說到時間，孔子他老人家說過一句感嘆時間流逝的名句，至今在各個場合被引用，這句話在《論語》中是這樣：

子在川上曰：「逝者如斯夫！不舍晝夜。」

這裡的「川上」，就是指大河邊。「逝者」，一般理解為不斷流逝的時間。「逝者如斯」，意思是說時間像這大河的河水一樣，一去不回頭。古往今來，奔流的河水容易讓我們聯想到時間的流逝。例如蘇東坡那首著名的〈念奴嬌．赤壁懷古〉第一句就是這麼寫的：

「大江東去，浪淘盡，千古風流人物。」

古往今來，無數的英雄人物經過時間的淘洗，有的已經湮（一ㄢ）沒無聞，有的還頑強地占據我們的記憶。

下面，我們把重點放在這個「舍」字。這個「舍」字，和現在一樣，是個多音字。它有兩種讀法，分別對應兩種解釋：一種念ㄕㄜˇ，例如「捨得」的「舍」，意思是捨棄、放下；另一種念ㄕㄜˋ，例如「宿舍」的「舍」，表示居住、停留。

在孔子的這句話裡，兩種讀法和解釋都說得通。

讀「ㄕㄜˋ」，就是取它「停留、居住」的意思，這整句話的意思就是：時間如同河水，無論白天黑夜從不停留，這讓人想到世界上的萬事萬物都隨著時間一起消逝，不可復返。

而讀ㄕㄜˇ呢，是取它「捨棄、放下」的意思。整句話的意思就是：這時間啊，如同河水，無論白天黑夜都不捨得放過，奔著一個目標永不停息，奮力向前；而世間萬事萬物，都被時間這條大河裹挾著，一道向目標不斷奮進。

如果同時保留這兩種理解，那這句話的大致意思是：

孔子他老人家站在大河邊，感嘆說：「不斷流逝的時光，就像這河水一樣啊！日夜不停留、不休息地奔騰而去。」

雖然兩種解釋都說得通，聽起來也差不多，但我們好好體會一下，讀ㄕㄜˋ和讀ㄕㄜˇ的時候，兩句話的意境還是有一點點不同的。不知道你們能否體會得出來？

我們可以先來說說這個「舍」（ㄕㄜˋ）。前面說過，這種讀法對應的意思就是，時間如同河水，永不停留、奔騰向前。

這種感受，其實是一種純粹的客觀感受，有時還可能會讓你產生焦慮。可能有的人會問：這有什麼好焦慮的啊？

不瞞大家說，我就有過這樣的焦慮。在我二十幾歲的時候，每年過生日那天，我都會很焦慮。你們可能會問：這有什麼好焦慮的？過生日不是最開心的嗎？可是我真的很焦慮，因為我會覺得：啊，又大一歲了，又過一年了，可我好像什麼事都沒做成，時間卻在不停地流逝。

可能年輕人現在無法體會，但我當時就是有這種焦慮。這種焦慮和時間流逝有關，其實也和我們覺得自己會隨著時間一起老去有關。說起焦慮，我倒想起一個大家耳熟能詳的故事，就是「杞人憂天」。

其實「杞人憂天」這個故事用在這裡，並不是非常合適。但是，如果你知道「杞人憂天」的完整版，會覺得還是和這裡的「不舍晝夜」有關聯，而且給我們不小的啟發。

「杞人憂天」這個故事大家都很熟悉，這個故事出自一本叫《列子》的古書，這本書是列子和他的弟子一起編寫的，裡面有很多寓言故事和名言。列子是戰國時期道家的代表人物之一，名字是寇。和我們稱呼孔子一樣，「列子」是對他的尊稱。

我們來看一下「杞人憂天」的完整版本。

話說，古代的杞國有個人，我們稱呼他為「甲」。這個甲總擔心有一天會天崩地裂，那時自己的身體該往哪裡放？他擔心得吃不下飯，睡不著覺。這時有一個人，我們稱呼他為「乙」，就去安慰甲說：

「這個天啊，是不會塌的。因為天就是氣，哪裡沒有氣呢？我們周圍的空氣，就是天啊。我們整天就在天裡面呼吸、活動，所以天怎麼會塌呢？」

可是甲聽了這話，還是不放心，說：「天就是空氣，不會塌；可日月星辰呢，難道不會掉下來？」

乙說：「日月星辰只不過是會發光的氣，掉不下來！」

甲又說：「那地要是陷下去了呢？」

乙說：「地就是土啊，我們腳底下踩的地方，哪裡沒有土？到處都填滿了土，地又能往哪裡陷？」

就這樣，這位「杞人憂天」的甲被乙說服了，不再擔心，高興了。乙看到甲高興了，也就不擔心甲，也高興了。好，常見版本的「杞人憂天」，到這裡就結束了。

我們現在用「杞人憂天」這個成語，來形容那種完全沒有必要的擔心。

但其實，這個故事並沒有結束。我們可以先想一下，乙勸說甲的話有沒有道理？其實並非完全有道理。倒不是說乙把日月星辰視為發光的氣體，認為土地不會崩塌（會崩塌啊，例如發生地震），這些看法都不符合科學常識，因為古人不具備現在的科學知識，這點是可以理解的。

乙勸說甲的話問題出在哪裡？我覺得，是出在對「時間」的定義上。就像《論語》中說的「子在川上曰：『逝者如斯夫！不舍晝夜。』」，時間是永遠奔流向前——在時間的長河中，沒有什麼是不朽的。我們知道，地球有四十六億年的歷史，而且肯定會走向滅亡。科學家測算出，太陽的生命也就剩下五十億年了。中國有部電影《流浪地球》，這部電影說的就是太陽的壽命快到頭了，地球上的人類只能想辦法逃出太陽系。

所以從這個角度，你還真不能說甲是錯的，因為甲擔心「天塌下來怎麼辦」，如果把時間軸拉到足夠長，「不舍晝夜」，天真的是會塌的，因為我們生存的星球終究會毀滅，太陽系也會毀滅。而乙認為這一切都不會發生，其實只能理解為「以甲那麼短暫的生命，是看不到這一天發生的」，如果把時間軸拉到足夠長，就不能說乙的觀點是正確的。

所以，「杞人憂天」的後半段故事就來了。

話說甲和乙後來都不擔心了，但出現第三個人，這個人叫長盧子。他就看不慣乙的回答，他說：「就算天是空氣，空氣憑什麼就不會壞掉呢？地是土，那更得壞掉了。世界上哪有不會壞掉的東西？只不過到目前為止，天還沒塌，地還沒陷下去。你說甲擔心得太遠，還算有道理；你說根本不用擔這個心，那就不科學了。」

你看，長盧子就比乙想得更明白一些，對不對？但他這個說法一出，我估計甲剛剛治好的憂鬱症又要復發了，因為他的問題還是沒有解決啊：天要塌下來，那我怎麼辦？

故事寫到這裡，終極大boss就要出場了，就是列子。列子怎麼說的呢？他的意思就是：

無論天是否塌下來，地是否陷下去，在我活著的當下這一刻，天地總歸是好好地在那裡。同樣，雖然根據以往的經驗，我生而為人，終有一死，但是在當下這一刻，我不是活得好好的嗎？天塌地陷也好，我終有一死也好，這樣的事情和當下的我有什麼關係？所

以為什麼要去擔心呢？

列子這話說得有點抽象。用比較容易理解的話說，就是：只要你活在當下，像天地毀滅、萬物消亡、自己終有一死這樣的事情，就不用去擔心了。

「活在當下」這個詞其實就是這個意思——不要太過考慮未來會怎樣，不管未來怎樣，你把現在的生活過好，把現在的事情做好，就很好了。

這裡又要提到孔子描述自己的那段話，在《有故事的論語〔學習．處世篇〕》一開始就說過，他是怎麼說的呢？

「發憤忘食，樂以忘憂，不知老之將至云爾。」

大家看，「發憤忘食，樂以忘憂」，就是孔子投入活在每一個當下的狀態。在這樣的生活狀態中，孔子「不知老之將至」，哪還有閒情逸致去擔心什麼「終有一死」或者「天崩地裂」呢？這就是孔子的人生態度，他老人家就是這樣對待不斷流逝的「時間」。

事實上，無論列子的那句話，還是孔子的態度，都能緩解我當年的焦慮：不要太計較過去，不要太在乎未來，只要把握現在，好好努力就行。

現在我們再回到「逝者如斯夫，不舍晝夜」這句話。之前說過，「不舍晝夜」的「舍」字有兩種理解，其中表現出的態度是不同的。

當把這個字讀成ㄕㄜˋ，理解為「停留」，你就是站在一個旁觀者的角度看待時間，這時你看到的就是萬事萬物隨著時間的流逝走向滅亡，包括你自己的生命。你需要在感受到「時間不等人」這個道理的同時，有「活在當下」的領悟。

那麼，如果把這個字讀成ㄕㄜˇ呢？如果把這個字理解成放下、捨棄，把「不舍晝夜」理解成無論白天黑夜都捨不得休息、捨不得停歇，這時候，你就不是旁觀者，而是把自己代入這條奔流不息的大河，認為就應該像這條大河一樣，永不停歇，將自己的生命融入時間，隨著時間一起奔騰向前。

這又是怎樣的一種境界和感受？

在開始之前，我想和大家討論一部科幻小說。不知道你們有沒有看過這部科幻小說，就是中國作家劉慈欣的《三體》。

這部小說中有一個情節：當人們意識到人類的文明即將滅亡，他們想要用某種方式把人類文明的成果盡量保存下來，以便將來的宇宙生命能夠了解曾經存在的人類。他們的目標是，保存一億年。

科學家們發現，運用現代技術的保存手段，無論是「量子存儲器」還是用特殊材料製成的硬碟和光碟，因為「衰變」等原因，最多不過能保存五千年到十萬年，還不如品質好的印刷品，用特殊的合成紙張和油墨印刷，二十萬年後仍能閱讀。而這一切，顯然都達不到把人類文明保存一億年的目的。於是，「科學家們開始尋找那些在漫長的時間中保存下來的訊息」，最終，「得出了把訊息保存一億年的方法」。

什麼方法呢？說出來，你會覺得：「啊？那麼簡單？」

這個辦法就是，刻在石頭上。

大家想想，我們現在考古發現的史前文明，是不是很多都是靠當時的人類在石頭上刻下的文字、圖案，來推算他們當初的生活狀態呢？

在《三體》這部科幻小說中，震撼人心的場面非常多，上面講的只是其中的一個。這個片段告訴我們，儘管人類科技的發展造就出無數的奇蹟，人類在某些方面貌似擁有了神一般的力量，但是，真正的力量，還是掌握在時間手裡。

所以，我們現在是不是也能想像到，孔子他老人家站在那條川流不息的大河邊，感嘆「逝者如斯夫」時的心情？隨著時間的流

逝，世界上的萬事萬物都會消亡，包括人的生命，沒有什麼能夠永久保存。但是，這是你站在客觀的角度看待時間，能夠看到的景象。如果你更傾向讀成「不舍（ㄕㄜˇ）晝夜」，這意味著你還可以把自己融入時間之中，運用時間的力量，和時間一起奔騰向前。那怎樣才能做到這一點呢？

我們再來說一個故事吧。和「杞人憂天」的故事一樣，大家同樣應該很熟悉，叫作「愚公移山」。「愚公移山」這個故事，其實也出自《列子》。

我們一起來看看這個故事吧。話說有個叫「愚公」的老人，快要九十歲了，住在太行、王屋兩座大山的北面，家門口的路剛好被山擋住，往南走要繞很遠的路。愚公就召集全家人商量，說：「我們大家一起努力，挖平險峻的大山，鑿開一條可以直接走的大路好不好？」大家都覺得可行，愚公的妻子提出疑問說：「挖下來的泥土和石頭往哪裡擱呢？」眾人說：「把它們扔到渤海邊上、隱土北邊就行了。」就這樣，愚公從家族中挑選了三個能挑擔子的後生晚輩，帶領他們上山，鑿石頭、挖土，然後用簸箕運到渤海邊上。鄰居家有個孩子，才七八歲，看他們做得情緒高昂，也蹦蹦跳跳地來幫助他們。每過半年，他們才能往返一次。

有個叫「智叟」的老人——這當然也是象徵性的名字，意思是「聰明的老大爺」——聽說了這事，就來譏笑愚公說：「你可真是太笨了！就憑你這歲數，剩下的力氣連山的皮毛都傷不了，哪裡能搬得走那麼多泥土、石頭呢？」愚公聽了這話，長嘆道：「你可真是太頑固了，不開竅啊。即使我做不完這個事，死了，我還有兒子啊。兒子又生孫子，孫子又生兒子。我的子子孫孫無窮無盡，可山是不會變得更大的，還怕挖不平嗎？」智叟聽了這話，無言以對。

山神聽到這件事，認為愚公真的會沒完沒了地挖下去，真的怕了，向天帝——相當於玉皇大帝，呈上報告。天帝認為愚公很有誠意，就派了大力神的兩個兒子把太行、王屋兩座大山背走。從此以後，愚公的家門口直到漢水南岸，就再也沒有高山阻隔。

大家聽了這個故事，有沒有感受到時間的力量？在這裡，「時間的力量」表現在愚公說的「子子孫孫無窮無盡」，把事情交給時間來解決，大山也不在話下。

但是我們首先要說的，是愚公的這個精神，就是踏實肯做：有了可行的想法，就積極地投入去做。《論語》中也記錄了孔子他老人家是怎樣教導弟子們要積極去做事。來看下面這段《論語》原

文：

冉求曰：「非不說（ㄩㄝˋ）子之道，力不足也。」

子曰：「力不足者，中道而廢。今女畫。」

這位冉求先生，也是一位孔門弟子。這裡的「說」通「喜悅」的「悅」，意思是喜歡、愛好。「中道而廢」，意思是走到中途走不動。這個「畫」字，意思就是停在原地根本沒動。我們把這段話翻譯出來，大致是這樣：

冉求說：「我不是不喜歡老師您的學說，可是我力量不夠啊。」

孔子他老人家說：「力量不夠的話，那是走到中途走不動了。可你是站在原地根本沒動。」

意思就是，你根本就沒有開始學習嘛！

《論語》裡的這段話，令人想起近代著名文人胡適先生的一句話：「怕什麼真理無窮，進一寸有一寸的歡喜。」

大家想想，有沒有道理？其實愚公也是這樣想的：力量不夠，做到半途做不動了，總比根本不去做要好，不是嗎？怕什麼大山無窮？挖掉一寸有一寸的歡喜。

當開始實際去做，你就已經把自己融入了時間這條河流，點點滴滴的累積，都是時間在裏挾著你奔騰向前。在這種情況下，即便自己力量有限，也能留下一段前進的腳步。何況時間是不會停歇的，你可以期待你的後繼者沿著你的腳步繼續匯入時間的洪流，這就是愚公說的「子子孫孫無窮無盡」。

所以，從愚公這個視角看，時間不是帶著萬事萬物走向消亡，而是幫助人們日積月累地完成目標。從這個角度來讀孔子他老人家說的「逝者如斯夫，不舍晝夜」，是不是比上一種解讀多了一番滋味，甚至令人充滿幹勁？

除了積極去做，故事中這位愚公還有一個優點，就是有耐心，根本不奢望一蹴而就。

他知道挖掉兩座大山、開闢一條大路是異常艱鉅的工作，需要許多世代的人不懈的努力。和愚公相對的，有個反面例子叫「拔苗助長」，相信大家應該都知道這個成語，這個成語出自《孟子》，說的是有個人非常盼望田裡的莊稼快快長高，於是就跑去田裡把禾苗一根根往上拔。就這樣忙完之後，他非常疲憊但很滿足地跑回家

說：「可把我累壞了，我幫助禾苗長高了！」他兒子聽了這話，急忙跑到田裡去看，看到禾苗都枯萎了。

所以「拔苗助長」這個成語，說的就是缺乏耐心、急功近利，以至於不尊重自然規律，最後反而壞了事。而「不肯動手去做」的這種心態，跟缺乏耐心、急功近利有關係。因為他看出來了，這件事不是一蹴而就的，如果要加速做，很可能就是拔苗助長，不會有好結果。那怎麼辦呢？唉，還是什麼都不做吧——譏笑愚公的那位「智叟」，大概就是這種心態。

反過來，當你積極去做，並尊重自然規律時，時間就真的成了你的幫手。生活在明朝的孔子傳人王陽明說過這樣一段話，也是同樣的道理：

「立志用功，如種樹然。方其根芽，猶未有幹。及其有幹，尚未有枝。枝而後葉，葉而後花實。初種根時，只管栽培灌溉。勿作枝想，勿作葉想，勿作花想，勿作實想。懸想何益？但不忘栽培之功，怕沒有枝葉花實？」

這段話不難理解：剛種樹時，不要天天想著發什麼枝、長什麼葉、開什麼花，只要細心培土、勤懇澆灌，還怕長不出枝葉花實嗎？

肯去做、不「多想」，意味著尊重自然規律，相信時間，把力量交給時間。故事中這位「愚鈍的老公公」比「聰明的老大爺」優秀的地方，就在這裡。

最後，我想請大家一起欣賞南宋詩人楊萬里的一首詩〈桂源鋪〉：

萬山不許一溪奔，攔得溪聲日夜喧。

到得前頭山腳盡，堂堂溪水出前村。

這首詩的意思就是：群嶺萬山當中有一條小溪，無數的山峰阻擋著溪水，不許它往前奔，攔得那溪水在山間日夜喧鬧不停。然而，水流到底是攔不住的。當它終於突破前頭的山腳，喧嘩的溪聲已全變作堂堂盛大的溪水，流出前村朝著大海奔騰而去了。

希望我們在把川流不息的大河理解成不斷流逝的時間時，一方面能感受到「時代滾滾向前」的那種不可逆也不可改變的潮流之勢，另一方面也能有一種積極的心態，活在當下，融入時間，感受時代。

有人曾問過我一個問題：讀歷史有什麼用呢？我曾有過一個十二個字的回答：讀懂過去，活好當下，坦面未來。

希望與你們共勉！讓我們一起加油努力！

「宇宙」的出處

【原文】上下四方曰宇，往古來今曰宙。

【出處】《尸子》

【理解】上下四方，就是指空間；而往古來今，就是指時間。「宇」和「宙」連在一起，就是空間加時間。無限廣闊的時空，就是我們生活的整個世界。而這整個世界，就是古人所說的「天地」。

逝者如斯

【原文】子在川上曰：「逝者如斯夫！不舍晝夜。」

【出處】《論語．子罕》

【釋義】孔子他老人家站在大河邊，感嘆說：「不斷流逝的時光，就像這河水一樣啊！日夜不停留、不休息地奔騰而去。」

【理解】「舍」字有兩種讀音和解釋：讀成「舍」（ㄕㄜˋ），理解為「停留」，就是站在一個旁觀者的角度看待時間，看到萬事萬物隨著時間的流逝走向滅亡，包括你自己的生命。

讀成「舍」（ㄕㄜˇ），理解成放下、捨棄，「不舍晝夜」理解成無論白天黑夜都捨不得休息、捨不得停歇，這時你就是把自己的生命融入時間，隨著時間一起奔騰向前。

杞人憂天

【原文】「杞國有人憂天地崩墜，身亡所寄，廢寢食者。」
【出處】《列子．天瑞》
【釋義】「杞人憂天」這個成語，是形容人毫無必要、不切實際的擔心。
【理解】列子認為，只要你投入地活在當下此刻，像天地毀滅、萬物消亡、自己終有一死這樣的事情，你就不用去擔心。

愚公移山

【出處】《列子．湯問》
【內容】愚公不畏艱難，堅持不懈，挖山不止，最終感動天帝派天神將山搬走。
【理解】愚公踏實肯做，而且尊重自然規律，把力量交給時間。「感動天帝」屬於浪漫的想像，但當人走上正確的道路，投身時代洪流，群眾都會和他站在同一邊。

喜歡和實在的做

本講重點

【原文】冉求曰：「非不說子之道，力不足也。」子曰：「力不足者，中道而廢。今女畫。」

【出處】《論語．雍也》

【釋義】冉求說：「我不是不喜歡老師您的學說，可是我力量不夠啊。」孔子他老人家說：「力量不夠的話，那是走到中途走不動了。可你是站在原地根本沒動。」

【理解】正如胡適先生所說：「怕什麼真理無窮，進一寸有一寸的歡喜。」當你開始實際去做，你就已經把自己融入時間這條河流；點點滴滴的累積，都是時間在裏挾著你奔騰向前。

拔苗助長

【原文】宋人有閔其苗之不長而揠之者，芒芒然歸，謂其人曰：「今日病矣！予助苗長矣！」其子趨而往視之，苗則槁矣。

【出處】《孟子．公孫丑章句上》

【釋義】有個宋國人非常盼望田裡的莊稼快快長高，於是就跑去田裡把禾苗一根根往上拔。就這樣忙完之後，他非常疲憊但很滿足地跑回家說：「可把我累壞了，我幫助禾苗長高了！」他兒子聽了這話，急忙跑到田裡去看，看到禾苗都枯萎了。

【理解】「拔苗助長」這個成語，說的是缺乏耐心，急功近利，以至於不尊重自然規律，最後反而壞了事。

王陽明談立志

【原文】立志用功，如種樹然。方其根芽，猶未有幹。及其有幹，尚未有枝。枝而後葉，葉而後花實。初種根時，只管栽培灌溉。勿作枝想，勿作葉想，勿作花想，勿作實想。懸想何益？但不忘栽培之功，怕沒有枝葉花實？

【出處】明代王陽明《傳習錄》

【釋義】立志用功，就像種樹一樣。剛開始只有根和芽，還沒有樹幹。等它長出樹幹時，還沒有長出樹枝。樹先長枝，後長葉；先長葉，然後才有花和果實。起初種下樹根時，只管栽培澆灌。不用去想它的枝幹、葉子、花和果實什麼時候才長出來。空想有什麼益處呢？只要不忘記在栽培時用功，還怕樹長不出枝幹、葉子、花和果實嗎？

【理解】肯去做，不「多想」，就意味著尊重自然規律，相信時間，把力量交給時間。

〈桂源鋪〉

【原文】萬山不許一溪奔，攔得溪聲日夜喧。到得前頭山腳盡，堂堂溪水出前村。

【作者】楊萬里，南宋著名詩人、文學家、政治家，與陸游、尤袤、范成大並稱為「中興四大詩人」。

【釋義】群嶺萬山當中有一條小溪，無數的山峰阻擋著溪水，不許它往前奔，攔得那溪水在山間日夜喧鬧不停。然而，水流到底是攔不住的。當它終於突破前頭的山腳，喧嘩的溪聲已全變作堂堂盛大的溪水，流出前村朝著大海奔騰而去。

【理解】讓我們像孔子一樣，把這水流理解成不斷流逝的時間，感受一下抵擋不住、奔騰向前的時代潮流。

第十二講

走過世界，留下痕跡

在上一講，我們討論了人應該怎樣對待不斷流逝的時間。

和蒼茫浩瀚的無限時空相比，每一個個體的人生實在是太渺小、太短暫了。但是既然來過這個世界，人總想要留下些痕跡，希望把這痕跡作為自己有限人生的延長，能夠代替自己跨越盡可能廣闊的時空。這，或許就是古往今來人類最普遍、最平常的渴望了。

例如說人類最原始的本能，生兒育女、傳宗接代，其實也是源於希望子孫後代能夠成為自己生命的延續。不過，除此之外，還有另一種在世界上留下痕跡的方式，就是建功立業，留下不朽的名聲，被後人稱頌。在《論語》中，剛好有一句話，說的就是這件事：

子曰：「君子疾沒（ㄇㄛˋ）世而名不稱焉。」

這裡的「疾」，意思就是「恨」，接近「遺憾」，我們可以翻譯成「引以為恨」。「沒世」，意思就是從生到死，一輩子。「名」，就是美好的名聲。「稱」，就是稱頌、傳頌。這句話可以這樣來翻譯：

孔子說：「活過一輩子，倘若沒有留下美好的名聲被人稱頌，君子就會引以為恨。」

說到這裡，好像有點不對啊！不知道你們有沒有發現一個問題：在前面的內容我們就學過這樣一句話：「人不知而不慍，不亦君子乎？」

大家還記得嗎？這句話的意思是說，即使有人不了解我，我也不生氣，這不就稱得上是君子了嗎？而這裡的「君子疾沒世而名不稱焉」，又說沒有留下美名被人稱頌，君子會引以為恨。

這兩句話，是不是有矛盾呢？

首先，如果你有這方面的困擾，那麼恭喜你，這說明你真正記住了之前學過的內容，而且是記到心裡去了。

然後，再來看看這兩句話，其實它們並不矛盾，而且還相輔相成。這主要是基於以下幾個原因：

第一，別人不了解我，我不生氣，這說的是待人接物時的修養，涉及的是比較短的時間；而希望在世界上留下自己的美名被稱頌，說的是比較長的時間，指的是如何過好自己的一生。

第二，孔子說的是，即使別人不了解我，我也不生氣，這樣就稱得上是君子了，並不是說君子就應該深藏不露，永遠不讓別人了解自己。

這裡面其實有一個邏輯關係。大家一定都還記得，「人不知而不慍，不亦君子乎？」的上一句是「有朋自遠方來，不亦樂乎？」可見，有朋友了解自己，可以和自己互相切磋，這是非常快樂的事情；「人不知而不慍」呢，等於是打個預防針，即使現在享受不到「朋友切磋、歡天喜地」這樣的快樂，也不要生氣、不要著急，要相信未來。倘若能夠留下不朽的美名，那麼千百年後的人都可能成為你的朋友、知己。

第三，「人不知而不慍」，強調的是君子不應該看重外在的虛榮浮華，而應該注重自身內在素養的修煉；而「君子疾沒世而名不稱焉」裡的「名」，當然不是指騙取別人眼球的「虛名」，而是後人因為你的品格和你做過的實實在在的事，才會記住你。

那麼問題來了：怎樣才能做到這一點呢？

要做到這一點，你首先就得具備好的內在修養；然後呢，還需要在這個世界上留下實實在在的功績，讓世界因為你存在過，而變

得更美好、更精采，這樣別人才會記住你。

說到朋友相知、在世界上建功立業這兩個話題，我想來談談春秋時代的一位大人物，他的名字叫管仲。

管仲算得上一位偉大的政治家。他生活的時代比孔子要早一百多年，是春秋初期的齊國人。從少年時代開始，管仲就有一位好朋友，他的名字叫鮑（ㄅㄠˋ）叔牙。當時齊國的君主是齊襄公，齊襄公有兩個弟弟，一個叫公子糾，一個叫公子小白。公子糾有兩位師父，其中一位就是管仲，另一位的名字叫召（ㄕㄠˋ）忽，我們後面還會提到這個人。而管仲的好朋友鮑叔牙，則是公子小白的師父。

齊襄公十二年，齊國發生內亂，齊襄公被叛臣殺死。於是，公子糾和公子小白這兩個弟弟就開始爭奪王位繼承權，管仲和鮑叔牙這一對好朋友不得已地站在了對立的陣營，管仲還拿箭射過公子小白。爭鬥的詳情就略過不說，簡單地說結果：公子糾死了，公子小白贏了，成為齊國的新君主，就是後來大名鼎鼎的齊桓公。

於是，作為失敗的一方，公子糾的師父召忽為公子糾殉節，自殺而死。而管仲並沒有死。鮑叔牙把管仲推薦給齊桓公，齊桓公也不計前嫌，重用了管仲。大家還記得嗎，我們提過「春秋五霸」。這「五霸」分別是誰，有很多種不同的說法。但是「春秋五霸」的頭一號是齊桓公，這是毫無爭議的。其實，齊桓公能夠有這樣的成就，在很大程度上是管仲的功勞。

管仲的做事風格，可以用一個成語來概括，這成語我們之前學過：「因勢利導」。在齊國國內，管仲順著大家趨利避害的本性，發展商業、累積財富。在國家間，管仲也善於「因勢利導」地把壞事變成好事。例如當齊國和南方的新興強國楚國發生摩擦的時候，管仲就借這個機會攻打楚國，順勢宣揚周天子的權威，同時又留有餘地，使得雙方達成盟約，和平收場。

這裡要特別強調的是管仲和鮑叔牙的友誼。有個成語叫「管鮑之交」，用來形容彼此了解、彼此信任的深厚友情，說的就是他們二位。《史記》的《管晏列傳》中就記載了管仲回顧這份友情的一段話。這段話翻譯成現代文是這樣的：

管仲說：「當初我和鮑叔牙一起做生意，分錢的時候我常常多拿，鮑叔牙不怪我貪心，因為他知道我家裡窮。我曾經替鮑叔牙辦事，結果辦砸了，鮑叔牙也沒有怪我能力不足，因為他知道大形勢有順和不順，人勉強不了。打仗的時候我一戰敗就逃跑，鮑叔牙卻不認為我膽小，他知道我有老母親要養。公子糾失敗，召忽殉節而死，我卻寧可被囚禁起來受辱，鮑叔牙不認為我是不知羞恥，因為他懂得我有更大的志向，不願意就這樣默默無聞地死掉。唉，生我的是父母，懂我的是鮑叔牙啊！」

從這裡可以看到，懂得一個人、成為一個人的知己，並不意味著替他掩蓋過錯。鮑叔牙並沒有替管仲掩蓋什麼，而是比一般人更能設身處地、更全面地理解管仲，這樣比局部的理解更加接近真實，是不是？那麼，像這樣全面、真切地理解管仲，堪稱管仲知己的人，是不是只有鮑叔牙一位呢？

當然不是。一百多年後的孔子，其實也是管仲的知己。我們來看《論語》中的這樣一段話：

子路曰：「桓公殺公子糾，召忽死之，管仲不死。」曰：「未仁乎？」

子曰：「桓公九合諸侯，不以兵車，管仲之力也。如其仁！如其仁！」

「桓公殺公子糾，召忽死之，管仲不死」說的就是前面講過的故事：公子小白和公子糾爭奪繼承權，公子糾被殺，召忽殉節而死；而管仲不僅沒有死，還在鮑叔牙的推薦下，被齊桓公重用。「九合諸侯」的「九」，是虛指，意思是「很多次」，「九合諸侯」就是「多次主持諸侯之間的盟會」。「不以兵車」，意思是依靠的不

是武力。「如其仁」，意思是「這就是他的仁」。我們把這段話完整地翻譯出來，大致是這樣：

子路說：「齊桓公殺死了公子糾，召忽為公子糾殉節而死，管仲卻沒有死。」又說：「這管仲，沒達到『仁』的境界吧？」

孔子說：「齊桓公多次主持諸侯之間的盟會，帶來和平，依靠的不是武力，這都是管仲的能耐啊。這就是他的仁，這就是他的仁。」

請注意，在這裡，我們的老朋友子路先生的關注點在於，管仲沒有為公子糾殉節。他想請教孔子，管仲是不是在品行方面有缺陷，因此算不上「仁」的境界。

關於殉節這個事情，我個人認為，召忽能夠這樣做，確實顯示他的道德觀。但是「道德觀」這個東西，主要是人用來約束自己的；倘若用來綁架別人，說管仲在這種情況下也必須這麼做，就有點不近情理了。何況評價一個人，應該更全面地看他，這樣才能更真切地理解他。

在這裡，孔子他老人家根本就沒提殉節這個事，他是從大處著眼：管仲輔佐齊桓公，多次促成了各國之間的和平，這就是他的「仁」啊！不過，我們可以再多品味一下「如其仁」這三個字。我覺得，這個「仁」字，孔子評價的是管仲憑自己的能耐建立起來的功勳，這些行為和功勳是稱得上「仁」了。孔子並不是說，管仲這個人已經達到「仁」的境界。當然，孔子對管仲的評價還是很全面的，他並不是只說誇讚管仲的話。在《論語》的其他段落，可以看到孔子也批評管仲。這一點我們在下文會說到。

倘若管仲沒有在這個世界上建立過豐功偉業，留下值得稱頌的美名，他也就不可能在一百多年後遇到孔子這樣的知己。甚至，我們現在又怎麼會知道管仲這個人呢？其實，我們在讀書、理解歷史人物的時候，可以試著設身處地地站在古人的角度多想一想，如此能更全面、更真切地理解他們，甚至也會有一種和他們交朋友的感覺，而這樣，才算不辜負他們在世界上留下的痕跡。

前面說過，孔子對於管仲，不僅有褒獎，還有批評。那麼，孔子是怎麼批評管仲的呢？看看下面這段《論語》原文：

子曰：「管仲之器小哉！」

或曰：「管仲儉乎？」曰：「管氏有三歸，官事不攝，焉得儉？」

大家注意，這裡的「器」，可以連貫到第三講提到的一個概念——「格局」。

我們說過，你的格局有多大，你的舞臺、你的生活世界就有多廣闊。「儉」，意思當然是節儉。「三歸」是什麼呢？關於「三歸」的解釋有很多種，有的說是娶了三個妻子，有的說是藏錢財的倉庫。我們在這裡把「三歸」理解成從老百姓那裡收來的稅。無論哪一種解釋，「管氏有三歸」說的都是管仲家裡經濟條件好，生活奢侈。「攝」，意思是兼職。「官事不攝」，意思是管仲手下的每個人都只負責一項工作、不兼職，可見他用人用得多、排場大。我們把這段話翻譯出來，大致是這樣：

孔子說：「管仲這個人，格局還是小啊。」

有人問：「管仲節儉嗎？」孔子說：「管仲從納稅人那裡收來很多錢，用人的排場又大，哪裡談得上節儉呢？」

這段話的字面意思不難理解，就是孔子批評管仲不節儉、生活奢侈。作為一個國家的重要大臣，「生活奢侈」確實顯得不那麼高風亮節，使得管仲的形象不是那麼完美。但是，「不節儉」和孔子評價管仲這個人「格局小」是怎麼連起來的呢？

其實這段話還有下文，因為篇幅關係，就不把原文拿出來解釋了，簡單直接地敘述一下原文的內容：

孔子批評完管仲鋪張浪費之後，又繼續批評管仲不懂得「禮」。孔子說，齊國的國君家裡有什麼好東西，接代外賓時用什麼好東西，管仲家裡都要照樣來一份。大家想想，這樣下去會有什麼後果呢？就是一個國家的國君和重臣之間，差別越來越小了，是不是？

在《有故事的論語〔學習．處世篇〕》有提過，到了春秋末期，齊國的田常作亂，後來殺死了齊國的國君。像這類的事情，在春秋末期越來越多，這是從春秋時代到戰國時代的關鍵變化之一。

這些一兩百年以後發生的事情，當然不能都怪到管仲頭上。但是，管仲的私人愛好，做出了壞的榜樣。他對於後來的時代變化，也是要負一點點責任的。事實上，齊桓公死後，齊國再次發生內亂。當時距離管仲去世，也不過兩年時間。由此可見，管仲和齊桓公沒有為齊國規劃好一個可持續發展、穩定的未來，這是不是說明他們的眼光還不夠弘遠、格局還不夠廣大？而管仲對自己奢侈的私人生活不加節制，任由它成為壞榜樣，也可以算是他眼光不夠長遠

的表現之一。

孔子說「管仲之器小哉」，批評管仲格局不夠大，他老人家的用意大致來說就在這裡。

當然，我們講《論語》裡的這段話，重點不是要責備管仲，而是想表達一個意思：

每一個人，儘管都有自身的特點、優秀的地方，但是與此同時，也都是帶著各自的弱點、迷茫來到這個世界。無論我們有沒有成為像管仲這樣的大人物，我們的優點也好、弱點也罷，不知不覺地都在參與著歷史路徑的形成。正如每一個小水滴都參與了奔騰到海的浩蕩洪流，我們每一個人也都在不經意中參與著歷史進程。從這個意義上說，每個人都從這個世界上走過，並且留下痕跡。所以，人的弱點固然很難完全避免，但每一次的改正和進步都值得欣喜，並且具有深遠的意義。

對於管仲是如此，對於我們每一個人也都是如此。

下面，我請大家來看看《史記．孔子世家》中的一段故事，體會一下孔子和幾位弟子在困境中的迷茫和堅持。

當時，孔子一行人在周遊列國的途中，被困在野外，吃的東西也都沒了。孔子知道弟子們心中都憤憤不平，就主動找他們談話，引導他們把心中的困惑和信念都抒發出來。

孔子首先問子路：「我們不是野獸，卻漫遊在曠野。是我們走的道路不對嗎？為什麼會淪落到這個地步？」

子路說：「那是我們的能耐和智慧還不夠吧，所以在這世上行不通？」

孔子說：「是這樣嗎？仲由啊，假如能耐和智慧足夠，就必定會行得通，怎麼還會發生比干這樣的事？」

在《有故事的論語〔學習．處世篇〕》第十八講的「殷有三仁」中，我們說過商紂王身邊的重臣比干。暴虐的商紂王聽不進比干的勸諫，把比干殺死了。孔子的意思是說，如今我們身陷困境，未必是因為能耐和智慧不足。

接著，孔子又問子貢同樣問題：「我們不是野獸，卻漫遊在曠野。是我們走的道路不對嗎？為什麼會淪落到這個地步？」

子貢說：「老師的學說極其宏大，沒有國家能夠實行。老師是不是把標準稍微降低一些呢？」

孔子說：「好的工匠，在意的是自己的技藝是不是精湛到合乎標準，而不是歪曲標準去迎合世人的口味。賜啊，你的志向還是不夠遠大啊！」

最後，孔子問了顏回同樣的問題：「我們不是野獸，卻漫遊在曠野。是我們走的道路不對嗎？為什麼會淪落到這個地步？」

顏回說：「老師的學說極其宏大，所以如今的天下沒有國家能夠容納它。但這有什麼可怕的？學問做得不夠好，是我們的恥辱。學問做好了而不被天下採用，是當權者的恥辱。不被接納怕什麼？不被接納才顯示出我們的君子本色！」

顏回的回答，令我想起在《有故事的論語〔學習．處世篇〕》第十七講提過的小提琴家。他演奏的琴曲令戰壕兩邊的敵對雙方都駐足聆聽，儘管如此，曲聲終了之後，戰爭還是要繼續。孔子的學說正如這曲聲，儘管它未必能參與改善孔子那個時代的世界，但是在那個世界，孔子已經吸引到一波又一波的聆聽者和追隨者。這樣的影響，直到今天，依然沒有減弱的跡象。

顏回的回答當然是說到老師的心裡去，所以孔子他老人家高興得開起顏回的玩笑：「你的話有道理，顏家的孩子！假如你財產夠多，我就為你當管家吧！」

在這個故事中，孔子和顏回是信念堅定、志存高遠的，這樣的境界我輩凡人難以企及。我們多多少少是像子路或是子貢的，有著

這樣或那樣的懷疑和迷茫，覺得自己是不是還有哪裡不足，是不是需要做些什麼改變或是妥協。這並不是說時刻反省自己、檢討自己的不足是不對的，而是說有時候我們也需要堅定自己的信念。

而且，即使孔子的弟子懷揣著各自的弱點和迷茫，但畢竟也擁有各自的誠意，足以在迷茫中走出自己堅持的道路：子路一路忠誠地保護自己的老師，子貢運用自己的錢財和經商手段一路為老師保駕護航。再例如管仲，在有生之年守護好齊桓公和他的國家。我們不妨說，管仲、孔子以及他的眾位弟子，都以自己的方式度過了無悔的一生，在這世界上留下自己的痕跡。

最後，再給大家講一個小故事，這個故事是阿根廷大文豪波赫士寫的，叫《雙夢記》。

話說埃及開羅有個人，仗義疏財，散盡家產，最後只剩下祖傳的房屋，不得不打工餬口。有一天，他累得在自家院子的無花果樹下睡著了，夢見一個嘴裡含著金幣的人對他說：「你的好運在波斯的伊斯法罕，去找吧！」於是，他第二天清晨醒來就動身踏上漫長的旅程。經過了沙漠、海洋、海盜、猛獸等重重苦難考驗，他終於到達波斯的伊斯法罕。但是磨難還沒有完，他被士兵當成強盜捉住，毒打一頓後關進了監獄。兩天後，他在監獄裡甦醒。衛士長把他提出去審問：「你是誰？你從哪裡來？」這人如實回答：「有人託夢給我，叫我來伊斯法罕，說我的好運在這裡。如今我到了伊斯法罕，卻發現所謂的好運就是你們把我劈頭蓋臉毒打一頓。」

衛士長聽了這話，幾乎笑掉大牙，最後說：「魯莽輕信的人啊，我三次夢見埃及的開羅城有一間房子，那房子的院子裡有一棵無花果樹，無花果樹後面有個噴泉，噴泉底下埋著寶藏。可是我根本就不信。你這個傻瓜，居然為了一個夢跑這麼遠的路。哈哈哈！拿點路費趕緊走人吧！」

主人公拿了路費，回到自己的國家。他知道，衛士長夢裡見到的就是自己的家啊！果然，他在自家院子裡挖到了寶藏。

波赫士寫的這個故事，有點神奇和複雜。不過這個故事給我的感悟，說出來倒是相當簡單：

作為一個有缺點、不完美的普通人，你的信念不太可能完全正確。但是憑著你的誠意和行動力，你的信念也不太可能完全錯誤。最後的最後，生活總會給予你回報。儘管過程充滿曲折，結局也可能完全出乎你的意料——但是，生活值得期待的地方就是這樣，不是嗎？

就像唐代詩人高適曾經寫過的一首詩，其中有一句話，意思是

這樣：不要擔心前方的路上沒有知己，普天之下，還有誰會不知道你呢？

這句話就是：莫愁前路無知己，天下誰人不識君。

希望能和大家一起共勉！

本講重點

走過世界，留下痕跡

【原文】子曰：「君子疾沒世而名不稱焉。」

【出處】《論語．衛靈公》

【釋義】孔子說：「活過一輩子，倘若沒有留下美好的名聲被人稱頌，君子就會引以為恨。」

【理解】要留下讓後人稱頌的美名，你首先就得具備好的內在修養，然後還需要在這個世界上留下實實在在的功績，讓世界因為有你存在過，而變得更美好、更精采些。

管鮑之交

【原文】「生我者父母，知我者鮑子也。」

【出處】《史記．管晏列傳》

【釋義】「管鮑之交」這個成語，就是借管仲、鮑叔牙的故事，形容彼此了解、彼此信任的深厚友情。

【理解】懂得一個人，成為一個人的知己，不意味著替他掩蓋過錯。而是意味著設身處地、更全面、更真切地理解他。

孔子知管仲

【原文】子路曰：「桓公殺公子糾，召忽死之，管仲不死。」曰：「未仁乎？」子曰：「桓公九合諸侯，不以兵車，管仲之力也。如其仁！如其仁！」

【出處】《論語．憲問》

【釋義】子路說：「齊桓公殺死了公子糾，召忽為公子糾殉節而死，管仲卻沒有死。」又說：「這管仲，沒達到『仁』的境界吧？」孔子說：「齊桓公多次主持諸侯之間的盟會，帶來和平，依靠的不是武力，這都是管仲的能耐啊。這就是他的仁，這就是他的仁。」

【理解】道德觀是用來約束自己的。若是用來綁架他人，就不近情理，也影響我們全面、真切地理解歷史人物。孔子這裡對管仲的評價，就是從大處著眼。另外，「如其仁」評價的是管仲的豐功偉業，並不是說管仲整個人已經達到了「仁」的境界。

孔子批評管仲

【原文】子曰：「管仲之器小哉！」或曰：「管仲儉乎？」曰：「管氏有三歸，官事不攝，焉得儉？」

【出處】《論語．八佾》

【釋義】孔子說：「管仲這個人，格局還是小啊。」有人問：「管仲節儉嗎？」孔子說：「管仲從納稅人那裡收來很多錢，用人的排場又大，哪裡談得上節儉呢？」

【理解】孔子批評管仲不節儉、不懂「禮」，格局小，沒做出好的榜樣。在管仲、齊桓公相繼去世後，齊國爆發了內亂。他們二位沒有為齊國規劃好一個可持續發展、穩定的未來，可見他們的規模不夠弘遠、格局不夠廣大。

莫愁前路無知己，天下誰人不識君

【原文】〈別董大二首〉（其一）：千里黃雲白日曛，北風吹雁雪紛紛。莫愁前路無知己，天下誰人不識君？

【作者】高適（西元七〇四至七六五年），字達夫，唐代著名邊塞詩人，與岑參、王昌齡、王之渙合稱「邊塞四詩人」。

第十三講

靜默如天地

這一講，我們直接從《論語》的一句話說起——孔子說：「啊！我不想說話了！」

這是怎麼一回事？我們來看看，《論語》中是怎麼說的：

子曰：「予欲無言。」

子貢曰：「子如不言，則小子何述焉？」

子曰：「天何言哉？四時行焉，百物生焉，天何言哉？」

「予欲無言」的字面意思很好理解，就是「我不想說話了」。子貢說的「小子」，就是指孔子的門人弟子。「何述焉」的「述」，就是指學習並傳播老師說的話，可以理解成「傳述」。「四時行焉」，當然就是指一年四季周而復始的運行。

這裡不妨插播一個小知識。中國的古人，不光早早地就會把一年劃分成春、夏、秋、冬四個季節，而且至少從戰國時代開始，就已經有了用「節氣」來劃分一年的方法。到漢武帝時期，「二十四節氣」已經被收入當時的曆法《太初曆》，用來指導農業生產。

大家是不是從日曆上見過某一天是「冬至」，某一天是「春分」，還有「大雪」、「霜降」之類的名詞？這些都是「節氣」的名稱。像這樣的「節氣」一共有二十四個，把一年劃分成二十四等分。劃分的依據，可以是太陽直射點在地球表面的移動軌跡，也可以是北斗七星圍繞北極星的旋轉角度。這種劃分比「四季」要精確得多，也科學得多。不妨想一下，我們的祖先是怎樣觀察天地，用天地間有規律的變化作為依據，來劃分綿延無盡的時間，來指導生活和生產。時至今日，在國際氣象界，二十四節氣被譽為「中國的第五大發明」，還被聯合國教科文組織列為人類非物質文化遺產之一。

小知識插播結束，我們回到正題。這段話翻譯出來，大致是這樣說：

孔子說：「我不想說話了。」

子貢說：「老師不說話，我們這些門人弟子傳述什麼呢？」

孔子回答說：「天說了什麼呢？四季照樣運行，百物照樣生長，天說了什麼呢？」

怎麼理解這段話呢？我們可以先說一個成語：「言傳身教」。這個成語的意思是說，一邊口頭上傳授，一邊在行動上以身作則，語言和行動一起發揮示範作用。孔子他老人家說「予欲無言」的意思，可以理解為我就不說話了，只要在行動上以身作則、做出榜樣，你們就可以自然而然地學習，就像四季運行、萬物自然生長一樣。所以，這段話可以理解為他覺得身教比言傳更重要。

不過，這種理解有一個問題，就是孔子把自己比成「天」了，彷彿孔子在說：「我就像天一樣，不用說話，你們自然都學得好、長得好。」這樣的一個比喻，別說他人會覺得孔子有些「不知天高地厚」，孔子自己恐怕也會說「不敢當」吧！

所以，在理解這段話的時候，我們不妨把視野再放大一些：和所有的人類活動相比，語言的交流只占很小一部分；而和人

類置身其間的整個天地宇宙相比，所有的人類活動也只占很小的一部分。

所以，我更傾向於把孔子這句話理解成：不要僅僅把注意力集中在學習、傳播老師說的話。古往今來的人類活動，還有廣闊無垠、充滿各種奇蹟的大自然，都是豐富的寶藏，足以供我們學習，供我們汲取財富。

而且，我們一方面需要把視野放寬，另一方面也可以把注意力轉向人的內心，探索人心的深度，這其中蘊涵著豐富的可能性，同樣是一個大寶藏。有的時候，對廣闊大自然的探索和對人類心靈的深度挖掘，甚至可以是相通的。

聽起來似乎有點抽象？沒關係，接下來我們看一下《列子》中的兩個小故事。大家還記得《列子》這本書嗎？之前提過，說這本書裡記錄了很多有意思的小故事。我們熟悉的「杞人憂天」的故事，也是這本書裡記載的。

我們先來說第一個故事《三年成一葉》。

話說春秋時代宋國有一個非常有名的工匠，他會一門絕活，就是用玉雕刻楮（ㄔㄨˇ）樹的葉子。楮樹是一種很常見的樹，它的葉子挺大的，有三瓣。這個工匠雕一片葉子要花多久呢？要花足足三年的時間。雕成之後，葉子的經脈、色澤甚至表面的絨毛和小刺都完全像真的一樣。把這片雕刻的葉子放在一堆真的楮樹葉子當中，誰都區分不出來。

這個本領，應該很厲害了吧？但列子對於這件事情怎麼說呢？

列子評論說：「倘若天地間生長的萬物，要三年才能長成一片葉子，那有葉子的樹木可就太少了啊。」

這句話什麼意思？反過來理解，意思就是如果大自然要像這名工匠這樣，花三年才能產出一片葉子，那效率就太低啦！

大家請注意，列子這句評論，重點不是嘲諷那位工匠的藝術技藝。當然，有人透過這個故事悟出了道理：我們不能只講品質不講數量，當然也不能只講數量不講品質。這個故事應該還有一層含義，就是列子他把大自然鬼斧神工的力量和人類有限的技術能力做個對比，這樣或許能讓我們注意到一些平時忽略的東西。

自然界的樹木生長樹葉，這多麼平常；但是倘若你有興趣想要探究個所以然，那可就深不見底了：小小的一片樹葉上面，肯定充滿現代科學還解釋不清楚、現代技術也模仿不了的東西。這方面如果有一點點進展，就有可能徹底改變人類的生活。例如，樹葉能夠進行光合作用，透過陽光就能給自己合成生命能量。倘若能夠把這

種能力模仿、複製到人的身體上，那麼人就再也不需要吃糧食了，整個社會就和現在完全不同了，是不是？

雖然這有點異想天開，但開拓一下思路，總是好的。大家一定還記得，之前講過「思而不學則殆」，要活學活用，溫故知新。現在我們知道了，大自然給我們提供了多麼豐富的學習素材。

大自然一直在滋養著人類，只是這件事情人類太習以為常，自己根本沒有感覺罷了。說到這個，我們再來看一個《列子》中的故事吧。

話說齊國有一位姓國的先生，非常富有；宋國有一位姓向的先生，非常貧窮。這位向先生就千里迢迢地跑去請教國先生致富的方法。

國先生說：「我有什麼本領？我會偷啊。自從我做這一行，一年就能溫飽，兩年就衣食無憂，三年就稱得上富裕。從此以後，鄉里鄉親都靠我接濟。」

向先生聽了這話，心想：哎呀，原來如此啊！他非常高興，回去後就真的開始偷起來了，跳牆打洞什麼都做。當然沒過多久，他就吃上官司，被人抓了起來。

好不容易被放出來，向先生就跑去責問國先生，說：老兄啊！你是在糊弄我啊！國先生明白了事情的經過，就長嘆一聲說：「唉！誰讓你這樣偷啊？我偷的是老天爺的陽光雨露，還有大地上的土壤。然後，好好種我的地，蓋我的房子。我還去河裡打魚，偷河裡的魚鱉。這些大自然的東西，難道本來就屬於我嗎？所以，這些都是我偷來的。至於別人家的金銀財寶，那是別人收集的，又不是老天爺的，你當然不能偷。」

說到這裡，我插一句：我覺得這兩個人都有問題，一個不問清楚，一個不說清楚，對不對？

那位向先生聽糊塗了，以為國先生又糊弄自己。於是，他跑去請教一位高人。這位高人叫東郭先生，當然，和之前說過的那個傻呵呵救了狼的東郭先生應該不是同一個人。東郭先生說：

「看來你是真不明白啊，我來告訴你吧。你以為你的身體不是偷來的嗎？你長這麼胖，吃的那些糧食、讓你這一堆肉活動起來的那一口氣，難道是屬於你的嗎？這都是你從大自然偷的啊。問題在於，國先生從大自然那裡偷，是公道；而你從別人那裡偷，是私心。懂得公道和私心的差別，就是懂得天地的德行。根據天地的德行來做事，說成偷盜也好，不說成偷盜也罷，又有什麼差別呢？」

你們看，《列子》中的這個寓言故事，已經把道理講得很透了，不過，我還是想補充兩點。

第一，故事中說「從大自然那裡偷，是公道」，可不是教我們一味地向大自然索取、完全不顧保護環境。因為東郭先生說了，就連你的身體也是從大自然偷來，所以你和大自然本來就是一體的。那麼，保護大自然和保護你自己的身體一樣有必要，對不對？

第二，我想推薦給大家一段話，是出自北宋大文豪蘇東坡先生的〈赤壁賦〉，剛好可以為故事中東郭先生的話做補充和注解。這段話是這樣的：

「且夫天地之間，物各有主，苟非吾之所有，雖一毫而莫取。惟江上之清風，與山間之明月，耳得之而為聲，目遇之而成色，取之無禁，用之不竭。是造物者之無盡藏（ㄗㄤˋ）也，而吾與子之所共適。」

把這段話翻譯成現代文，大致是這樣：

天地之間的事物，各有各的主宰。不該我擁有的東西，一分一

毫也得不到。只有這江上的清風、山間的明月，耳朵聽到就形成聲音，眼睛看到就化為色彩，沒有誰來禁止你我擁有它們。這就是大自然無窮無盡的寶藏，給我和你共同享受的。

品味一下這段話。像這樣一顆善於感受和享受大自然的美好心靈，同樣是無窮無盡的寶藏！

其實，在《論語》中，倒是不太容易見到「向大自然學習科學」這方面的內容。《論語》中往往是拿自然現象做類比，幫助我們形象地理解人世間的道理，例如下面這段話：

子曰：「為政以德，譬如北辰，居其所而眾星共（ㄍㄨㄥˇ）之。」

這裡講的「為政」，意思就是治理國家，可以理解為治理天下——「半部《論語》治天下」嘛。「北辰」，就是指北極星。我們在介紹「二十四節氣」的時候，已經提過北斗七星和北極星。大家如果有機會在晴朗的夜晚觀察星空，不妨尋找一下北斗七星，就是由七顆星星排列成的一把大勺子。你可以把勺口上的兩顆星星連成一條線段，再把這條線段沿著勺口的方向延長五倍，這時候你在線段的末端，可以看到一顆比較明亮的星星，它就是北極星了。

對於居住在北半球的我們來說，北極星幾乎永遠處在天空中正北的方向。其實現在科學家已經告訴我們，北極星也在運動，並不是一顆固定的星星，每隔二萬五千八百年，就會完成一次循環。但就現在這個階段而言，它的運動軌跡對於我們的肉眼、對於當下短暫的時間來說，實在是過於細微。兩千多年前孔子他們看到的北極星，和我們今天看到的北極星，位置非常相近——天穹的正北。所以，古人就可以依靠北極星來辨別方向。幾千年來，當我們和我們的先輩們在大海中航行、在荒山野林中尋找道路的時候，北極星一直在天穹的正北方閃爍，為人類指引方向。它，就是古人所說的「北辰」。

我們回到《論語》中的這句話。「居其所」，意思就是待在它應該在的位置。這個「共」字相當於提手旁的「拱」，意思是環繞、圍繞著它運轉。我們把這句話翻譯出來，大致是這樣：

孔子說：「用道德治理國家，就好像那北極星：北極星待在它應該在的位置，然後天上的群星都圍繞著它運轉。」

這句話的道理，接近在第二講提到的「先之，勞之，無倦」。就是說領導者應該以身作則，並且持之以恆，這樣就能夠凝聚人心，讓整個團隊朝同一個方向前進。這裡就是拿自然現象做類比，幫助我們更理解人世間的道理。其實，正因為北極星的位置比較穩定，不容易變化，才給人立場堅定的感覺。直到今天，北極星依然有這樣的象徵意義：堅定，執著，不離不棄，永遠守護。

《論語》中還有這樣的段落，說的是自然界的美景和人類心靈之間的互動。例如下面這段非常著名的話：

子曰：「知（ㄓˋ）者樂水，仁者樂山；知者動，仁者靜；知者樂，仁者壽。」

這裡的「知」，通「智慧」的「智」，可以理解為「睿智」。「樂」，在一些大家的注解中，例如在南宋朱熹的《論語集注》中，是讀成一ㄠˋ的，因為要把這個字理解成喜歡、喜愛，和「快樂」的「樂」區分開來。所以，如果比較講究的話，可以把這句話讀成「知（ㄓˋ）者樂（一ㄠˋ）水，仁者樂（一ㄠˋ）山」，當然，讀成「知（ㄓˋ）者樂（ㄌㄜˋ）水，仁者樂（ㄌㄜˋ）山」也可以。

這段文字的意思不難，翻譯出來，大致是這樣：

孔子說：「睿智的人喜歡水，仁德的人喜歡山。睿智的人活躍，仁德的人沉靜。睿智的人快樂，仁德的人長壽。」

理解這段話，倒是用不著把「智者」和「仁者」強行區分開來，然後強調不同性格、氣質的人審美品味、興趣愛好各不相同之類的。我們之前講過，「仁」可以理解為心靈寬廣，和整個世界息

息相關，和他人心靈相通。這也是聰明睿智的人應該有的樣子。

由此可見，「仁」裡面本來就包含「智」，「智」裡面也包含「仁」。正如自然界的美景，既有山又有水，才顯出豐富和深遠。當然，不同的人會有不同的偏愛，「智」和「仁」的描述，可以說是側重點不同，但不同的興趣、偏愛之間都是可以相通的。總而言之，孔子這段話，是用詩意而簡潔的語言，描述這樣一個現象：有仁德、有智慧的人親近、喜愛大自然的山山水水，動靜皆宜，健康快樂。

當然，還可以更進一步理解成，大自然的美可以陶冶人的情操，塑造人的品德，增長人的智慧。說到自然環境對於人的塑造，這個話題可以擴展得更遠一些。中國哲學家馮友蘭先生在《中國哲學簡史》這本書中提到，「智者樂水，仁者樂山」讓他想到古代中國和古代希臘兩種文明的差別。

這兩種文明有什麼差別呢？

中國是個大陸國家，在古代人的心目中，世界就是他們生活的

這片土地，而「海洋」是土地的邊界。雖然孔子他老人家說過「道不行，乘桴浮於海」，可他未必到大海上航行過。在這樣一個大陸國家，農業是立國之本。農民的生活需要安居在一片土地上，依賴大自然有規律運行，所以中國人傾向於講規矩，對創新和變革持一種相對謹慎的態度，比較尊重傳統。

而對於古希臘人來說，他們熟悉的地中海非常適合航行，乘著船在海島之間往來對他們來說是家常便飯。航海有什麼好處呢？和陸地相比，在海上靠船來運輸貨物要方便、便宜得多。大家想，在陸地上要靠動物來拉車，動物要人照顧，人和動物吃的糧食未必隨時隨地都能在路上得到補充，所以還得帶著，占用車上的空間，是不是？如此一來，稍微長途一點的運輸，路上的消耗就相當驚人。而船在海上航行，在比較有利的條件下，控制好風帆就能得到動力。即使要靠水手划槳，海水提供的浮力讓船的載重量比陸地上的大車要多得多。換句話說，同樣的人手，耗費同樣的資源、經過同樣的距離，在海上能夠運輸的貨物量，要比陸地上多很多倍。

所以，像古希臘這樣的海洋文明，有利於貨物運輸和交換，適合發展商業。商人和數字打交道多，這樣就容易發展抽象思考。生活在海洋國家的商人們，有更多的機會見識語言、風俗各不相同的人，於是就習慣於變化，相對更容易接受新鮮事物。而且為了讓貨物賣得好，他們需要不斷地對貨物進行創新。

說到這裡，可以再回過頭來看看《論語》中的這句「知者動，仁者靜」，把「智者」和「仁者」套到海洋文明和大陸文明上，是不是還挺有意思的？當然，這肯定不是孔子他老人家的本意，而且這樣區分有點簡單。但是，用這樣的方式鍛鍊思考，足以帶給我們相當有益的啟發。

我們不妨把哲學家馮友蘭先生的視角再往外拓展一些。

春秋戰國時代，對應的西方文明是古希臘；而大漢王朝，對應的西方文明就是古羅馬了。在《有故事的論語〔學習．處世篇〕》第十四講說到漢朝初年的一位人物，叫蕭何。當劉邦和項羽交戰、爭奪天下時，蕭何在大後方負責調集物資、運輸補給，立下了汗馬功勞。我們前面講過，在內陸進行物資運輸，消耗的勞動力和資源是相當驚人的。而相比起來，海洋運輸要便宜得多。古羅馬是一個環地中海的帝國，優越的海運條件使得羅馬很容易把羅馬軍團送到距離海岸不遠的任何地方，並且可以同樣透過船舶把相關的軍用物資運送過來。而中國這樣的大陸國家沒有地中海，只有依靠官僚體系，動員千千萬萬的一般百姓，用他們的血和汗，匯聚成自己的「地中海」。這樣殘酷沉重的付出，以及為了實現這樣的付出而建立起來的異常成熟的官僚體系，就構成了中國這個國家的堅實架構。我要插一句，這裡說的「官僚」指的是官吏體系，是一個中性詞，用來表示整個系統，不是我們說的「官僚主義作風」，這是一個貶義詞。

巔峰時代的羅馬軍團和中國大漢王朝的勁旅，究竟哪個戰鬥力更強？這是軍事愛好者反覆爭論的話題，大概永遠也不會有結論。但漢朝那種深入內陸兩千里追擊匈奴的遠征，對於羅馬來說，卻幾乎是無法想像的。

可地中海不是那麼容易守住的。羅馬帝國崩潰後，許多人仍然抱著重建帝國的希望。當阿拉伯帝國崛起，占據大半個地中海之後，羅馬帝國死灰復燃的希望就徹底破滅了。從此，歐洲再也沒有重現過一個這樣的大國。

而回首中華文明的歷史：被一次次打散，又一次次重建。要解釋這個現象，可以找出很多種原因，但有一個原因是不可忽視的：官僚體系建立的同文同種的中華民族，可以從文明內部一次次生長出來，不像地中海，被奪走就沒有了。

說以上這些，不是要得出什麼具體結論，而是透過中國古代和西方古代的對比，讓大家感受一下：自然環境對於塑造人，甚至塑造一個文明，可以有怎樣巨大的作用。

靜默如天地

【原文】子曰：「予欲無言。」子貢曰：「子如不言，則小子何述焉？」子曰：「天何言哉？四時行焉，百物生焉，天何言哉？」

【出處】《論語・陽貨》

【釋義】孔子說：「我不想說話了。」子貢說：「老師不說話，我們這些門人弟子傳述什麼呢？」孔子回答說：「天說了什麼呢？四季照樣運行，百物照樣生長，天說了什麼呢？」

【理解】可以理解為孔子強調以身作則；也可以理解為放寬視野，向大自然學習。

二十四節氣

・古代干支曆法中表示自然節律變化的特定節令，把一年分為二十四節，分別是立春、雨水、驚蟄、春分、清明、穀雨、立夏、小滿、芒種、夏至、小暑、大暑、立秋、處暑、白露、秋分、寒露、霜降、立冬、小雪、大雪、冬至、小寒、大寒。

・古時候，它是依據北斗七星的斗柄圍繞北極星從東向西旋轉一週來劃分，現代則根據太陽直射點在地球表面的移動軌跡分為二十四等分。

・漢武帝時期的《太初曆》已經收入二十四節氣用來指導農業生產。在國際氣象界，二十四節氣被譽為「中國的第五大發明」。二〇一六年，二十四節氣被正式列入聯合國教科文組織的人類非物質文化遺產代表作名錄。

言傳身教

【原文】以身教者從，以言教者論。

【出處】南朝宋范曄《後漢書・第五倫傳》

【釋義】「言傳身教」這個成語是說，一邊口頭傳授，一邊在行動上以身作則，語言和行動一起發揮示範作用。

清風與明月

【原文】且夫天地之間，物各有主，苟非吾之所有，雖一毫而莫取。惟江上之清風，與山間之明月，耳得之而為聲，目遇之而成色，取之無禁，用之不竭。是造物者之無盡藏也，而吾與子之所共適。

【出處】北宋蘇軾〈赤壁賦〉

【釋義】天地之間的事物，各有各的主宰。不該我擁有的東西，一分一毫也得不到。只有這江上的清風、山間的明月，耳朵聽到就形成聲音，眼睛看到

| 本講重點 |

就化為色彩，沒有誰來禁止你我擁有它們。這就是大自然無窮無盡的寶藏，給我和你共同享受。

【理解】像這樣一顆善於感受和享受大自然的美好心靈，同樣是一個無窮無盡的寶藏。

群星環繞北辰

【原文】子曰：「為政以德，譬如北辰，居其所而眾星共之。」

【出處】《論語．為政》

【釋義】孔子說：「用道德治理國家，就好像北極星：北極星待在它應該在的位置，然後天上的群星都圍繞著它運轉。」

【理解】這句話是說，領導者應該以身作則，並且持之以恆，這樣就能夠凝聚人心，讓整個團隊朝同一個方向前進。在這裡是拿自然現象做類比，幫助我們更理解人世間的道理。正因為北極星的位置比較穩定，不容易變化，它就給人立場堅定的感覺。直到今天，北極星依然有這樣的象徵意義：堅定，執著，不離不棄，永遠的守護。

知者樂水，仁者樂山

本講重點

【原文】子曰：「知者樂水，仁者樂山；知者動，仁者靜；知者樂，仁者壽。」

【出處】《論語．雍也》

【釋義】孔子說：「睿智的人喜歡水，仁德的人喜歡山。睿智的人活躍，仁德的人沉靜。睿智的人快樂，仁德的人長壽。」

【理解】理解這段話，不用把「智者」和「仁者」強行區分開來。「仁」裡面本來就包含「智」，「智」也包含「仁」。孔子這段話，是用詩意而簡潔的語言，描述這樣一個現象：有仁德、有智慧的人親近、喜愛大自然的山山水水，動靜皆宜，健康快樂。還可以更進一步理解成，大自然的美可以陶冶人的情操，塑造人的品德，增長人的智慧。

第十四講

知命與君子

在前面幾講說到，我們每一個人，不僅都有各自的特點，而且都懷揣著各自的弱點和迷茫來到這人世間。我們知道，環境對於人類和人類文明有著巨大的塑造作用。然而，出生環境也好，與生俱來的天賦和弱點也罷，這些都是偶然的命運送給我們的禮物，我們無法選擇、無法掌控。

二〇一九年熱映的動畫電影《哪吒》裡有一句話很流行，叫「我命由己不由天」。確實，命運和環境的力量有時候很強大，但人不能因此就認命，就放棄後天的努力。

在我們進行後天努力的過程中，最初是誰給我們最大的幫助？有人可能會說，是父母。沒錯，但除了父母之外，還有一群人。這群人是誰呢？就是老師。

我們所有人都做過學生。面對來自不同環境、有不同天賦和優缺點、有不同人生命運的學生，老師是怎麼做的呢？從老師的處理方式，再回過頭來看我們自己，可能就會有一些啟發。

這裡就要說到孔子了。因為孔子有一個重要身分：老師。他是私人講學風氣的先行者之一，是教師公認的祖師爺。那麼，孔子是怎麼做的呢？

我們可以先看《論語》中有關孔子的一段話，原文是這樣：

子在陳，曰：「歸與！歸與！吾黨之小子狂簡，斐然成章，不知所以裁之！」

這裡的「陳」，是指春秋時代的陳國，都城在今天河南省。孔子說這段話的時候已經是晚年，他在周遊列國的途中有了返回故鄉魯國的想法。「歸與」，意思就是「回去吧」。「吾黨之小子」，意思就是「我故鄉的那些年輕人」。「狂」，這裡指志氣大。「簡」呢，意思是粗糙，這裡指學問還不足。「斐然」這個詞，意思是很顯著、有亮點、引人注目。這個詞現在還在用，例如在形容人的文采好時，我們可以說「文采斐然」。不過在這裡，「斐然」形容的不僅僅是文采，還包含人的整體面貌、精神氣質。我們不妨認為，孔子已經看到，那些年輕人身上各自都有引人注目的獨特光彩，如同一篇篇漂亮的文章。「裁」，本義是裁縫剪裁衣服，在這裡當然是用來比喻老師指導學生。

我們把這段話翻譯出來，大致是這樣：

孔子在陳國說：「回去吧！回去吧！我故鄉的那些年輕人，胸懷大志，學問卻還有所不足；身上各自都有引人注目的獨特光彩，如同一篇篇漂亮的文章。我真不知道該怎樣指導他們啊！」

讀這段話，可以明顯地感受到，孔子對於故鄉的年輕人懷有怎樣的愛和期望，他已經躍躍欲試地想要回去教導他們。

看到好的幼苗就想去教，這可能是天底下好老師的共同點。孟子也說過，君子有三大快樂，其中一大快樂就是「得天下之英才而教育之」。

但是，孔子說的是「不知所以裁之」啊，意思就是「我真不知道該怎樣指導他們」。孔子不是想教他們嗎？怎麼又說不知道怎麼教他們呢？

這正是孔子他老人家說話有意思的地方。

我們先來打個簡單的比方吧。假如你是個鞋匠，要確定做的鞋子合不合顧客的腳，就只有一種辦法——測量顧客的腳，不然你不可能做到完全合適。而且，如果鞋子做出來還是有點不合適的話，你只能調整鞋子，不可能讓顧客把腳削掉一塊，是吧？有個成語「削足適履」，就是這麼來的。

所以從這個角度看，孔子說「不知所以裁之」，我們不妨理解為，在深入接觸學生之前，不應該事先設計好怎麼教，而應該「因材施教」，根據學生的實際情況來決定怎麼教他們。

那孔子真的是這樣做的嗎？我們再來看一段《論語》原文：

> 子路問：「聞斯行諸？」子曰：「有父兄在，如之何其聞斯行之？」
>
> 冉有問：「聞斯行諸？」子曰：「聞斯行之！」
>
> 公西華曰：「由也問：『聞斯行諸？』子曰：『有父兄在。』求也問：『聞斯行諸？』子曰：『聞斯行之！』赤也惑，敢問。」子曰：「求也退，故進之；由也兼人，故退之。」

這段話比較長，但意思其實並不難。核心詞語「聞斯行之」，意思就是「聽到了就去做」。而「聞斯行諸？」，相當於「聞斯行之乎？」，是個問句，意思就是「聽到了就去做，對嗎？」。

我們再來看看這段對話。我們知道子路一向風風火火，勇於去做。孔子說「由也兼人」，意思就是「這個仲由啊，一個人要做兩

個人的事」。而冉求，姓冉，名求，字子有，所以被稱為「冉有」。我們在第十一講提過他，他對老師說：「我不是不喜歡老師您的學說，可是我力量不夠啊。」孔子回答他：「力量不夠的話，那是走到中途走不動了。可你是站在原地根本沒動。」由此可見，冉求和子路不一樣，冉求是動力不足，需要鼓勵。這段話中的第三個弟子，就是公西華，他也是一位孔門高徒，姓公西，名赤，字子華，所以他自稱「赤」。現在，我們可以把這段話翻譯出來，大致是這樣的：

子路問：「聽到了就去做，對嗎？」

孔子說：「還有父親和兄長在上，怎麼能聽到了就做呢？」

冉有問：「聽到了就去做，對嗎？」

孔子說：「聽到了就去做。」

公西華說：「仲由問『聽到了就去做對嗎』，老師說『有父親和兄長在上』；而冉求問同樣的問題，老師卻說『聽到了就去做』。這我就不明白了，想請教老師。」

孔子說：「冉求這個人總是退縮，所以要拉他向前；而仲由呢，一個人要做兩個人的事，所以要拖住他一點。」

由此可見，怎樣教學生，不能事先設計好，而要根據學生的實際情況靈活應變。上面這個例子已經表現得很清楚了。

有人或許發現一個問題：對於不同的學生，孔子的教法確實不一樣，但是，對於學生應該發展成什麼樣子，彷彿還是有一個預先設定的目標，在這個大目標下，有的人需要拉一把，有的人需要推一下。

我覺得這當然是沒錯，老師培養學生的大目標肯定是一致的，例如說要把學生培養成一個好人、一個對社會和國家有用的人，沒聽過哪個老師說，我要把我的學生培養成一個壞人，對吧？

而孔子培養學生，最低限度就是要把學生培養成「君子」，而要成為君子，必須具備一些共同點，例如要勇於去做，同時不要缺理性思考。但是，在符合這些基本要求之餘，每個人依然需要有可以發展自己的個性空間，所以，不能總是照著某個模式來培養人。

說到這裡，我想給大家講一個古希臘的故事，這個故事叫「普羅克瑞提斯之床」。這普羅克瑞提斯是個開黑店的土匪。他準備了一張床，假惺惺地邀請過往的客人來留宿。但是，如果客人的身高

超過了床的長度，他就用斧子把超出的部分砍掉。如果客人的身高沒有達到床的長度，他就把客人拉長，直到和床一樣長。當然，最後他的客人都死了。

你們看，這樣的作法是不是和「削足適履」差不多？所以，好的老師會根據你的特性和天賦採用適合你的教育，而當你看到某一種教育模式，想要把人教成整齊劃一的樣子，你也可以說，這就是在做「普羅克瑞提斯之床」。

那麼，孔子他老人家在教學過程中，是怎樣順應、保護每個人的獨特個性呢？大家請看《論語》中記錄的一個例子：

子曰：「不憤不啟，不悱（ㄈㄟˇ）不發；舉一隅（ㄩˊ）不以三隅反，則不復也。」

「憤」，在這裡的意思是想弄明白某個問題，卻怎麼努力也想不通。「啟」，就是啟發、開導。「悱」呢，意思是想說卻說不出來。「發」，就是疏導，幫助他表達出來。「隅」，在這裡指事物的一個方面，或看事物的一個角度。方向不是有東、南、西、北四面嗎？「舉一隅不以三隅反」，意思就是，教他事物的一個方面，他自己不能把其他三個方面推導出來。

現在有個成語叫「舉一反三」，就是從《論語》中這句話來的，說的是相反的情況：從事物的一個方面，可以自己推出其他方面，形容一個人理解力強、善於類推、可以由此及彼。「不復」，就是「不再教他了」。把這段話翻譯出來，大致是這樣：

孔子說：「倘若學生還沒到努力地去想一個問題卻想不通的時候，就不去啟發他；倘若還沒到很想使勁說卻說不出來的時候，就不去疏導他。教他一個方面，倘若他自己推不出其他三個方面，就不用再教他了。」

所以我們看，「不憤不啟，不悱不發」，其實重視的是學生自己的主觀能動性：要等到你自己很想學、很想表達，老師才來開導你，不然會讓你產生依賴想法。而「舉一隅不以三隅反」呢，強調的是學生在所學的領域，還是需要有一定天賦，必須自己有能力舉一反三。整句的意思是：學生對於所學的領域，既需要有主觀能動性、肯努力，又需要有一定的天賦、能舉一反三，倘若不具備這兩個條件，老師就不教他了。

說穿了，就是你不僅要有天賦，還要有主動學習的意願。

這就是孔子他老人家的教育原則。看上去有點冷酷，是不是？其實，這也是對每個學生獨特個性的保護，就是不違背學生的個性和喜好，不強行灌輸知識。

當然，在這裡要特別說一句：我們要區分「興趣愛好」和「學校裡的學習」。

在興趣愛好方面，你可以說我對學習鋼琴沒有天賦和興趣，但我喜歡下圍棋，這沒問題。但在學校裡，在現行的義務教育這個階段教的知識，都是適應社會應該學的基礎知識，所以無論是否想學，是否有這方面的天賦，都是要認真學習。現在學的東西，並不是要求你以後一定要成為一個數學家、物理學家或文學家，而是在這個過程中，讓你漸漸認清自己的興趣和特長，同時讓老師和父母對你有更清晰的理解。

學生到了高中階段，開始慢慢分出文理科，就可以根據自己的特長和興趣，選擇自己擅長的科目；到了大學後，學科會進一步細分，會慢慢決定今後人生的發展方向。其實我覺得現在的學生是很幸福的，相對我當年讀書的時候，現在的選擇已經比我們那世代要多很多了。從這一點上也可以看出，人對自己要慢慢有一個清醒的理解認識。

倘若完成基礎教育之後，對某類學問既缺乏熱情，又缺乏天賦，就說明這方面的內容不適合你，就該去尋找適合自己的位置。當你發現海洋不適合你，還可以去嘗試一下天空。

我們可以回憶一下，子路、子貢、顏回……每一位孔門弟子，都呈現出獨特而生動的個性，在適合自己的位置度過有聲有色的人生。

自己選擇命運，而不是讓命運選擇自己，如果能做到這一點，其實就是你的成功。而作為學生的你能做到這一點，是老師最大的成功，不是嗎？

天地是廣闊的，可以嘗試的道路有很多，何必一條道路走到黑呢？當你找到適合自己的位置，自然就能夠體驗到釋放天性、發揮才智的快樂，這就是屬於你的自由和幸福。

那麼，怎樣才能找到適合自己的位置呢？之前說，一位好的老師就能幫助你，例如幫助你解開束縛、打開視野，見識到廣闊的天地。但這件事最終還是要靠你自己。

說到這裡，先來講一個故事吧。這個故事相信很多人都讀過，就是丹麥作家安徒生寫的著名童話《醜小鴨》。

一枚天鵝蛋在鴨窠裡被母鴨孵出後，因為長相與眾不同而被大家當成醜小鴨。其他小鴨打牠、排擠牠、嘲笑牠，就連餵雞的女傭也踢牠。牠沒有辦法，只好連夜逃走。在流浪的途中，牠交了兩個大雁朋友，可沒多久，兩隻大雁就被獵人打死了；牠遇到了搜尋獵物的獵狗，但獵狗「嫌牠醜」沒有咬牠；牠逃到一個農家小屋，但因為不能像屋裡的母雞一樣下蛋，不能像屋裡的小貓一樣拱起背發出咪咪的叫聲、身上還會迸出火花而被刁難……雖然經歷了這麼多磨難，但醜小鴨渴望自由、渴望美麗的心從來沒有變過。當看到一群美麗的天鵝在湖面上時，牠有一種難以抑制的興奮。牠選擇飛向天鵝，哪怕被天鵝殺死。當牠來到天鵝群時，大家驚呼：「這是最美麗的天鵝！」醜小鴨終於擁有了幸福的感覺。

雖然很小的時候就讀過這個故事，但長大後我還是每隔一段時間就會拿出來翻一遍，依舊會很感動，所以寧願花一些篇幅，再和大家一起回味。

事實上，我小時候最初讀到這個故事的時候，並不太喜歡，而且還自以為找到了可以嘲笑安徒生的理由：「算了吧，這和努力有什麼關係？你能成為天鵝，那是因為你本來就是隻天鵝！」

其實這樣想也是有道理的，對不對？不過，大家可以再想想看：醜小鴨最終明白了自己是一隻天鵝，其實與血統和出身無關，而是因為牠最終找到了適合自己的位置。

我現在覺得，《醜小鴨》這個故事，討論的是「命運」。首先，是無常、偶然的命運把一個天鵝蛋拋到鴨媽媽窩裡，使得小天鵝落到了和自己格格不入的環境中，無論怎樣都會被別人歧視、排擠，從而養成了自卑的習慣。你們看，當一個人置身於不適合自己的位置，他的內心會被扭曲到什麼程度，把一切都看成是自己的錯。

然後，醜小鴨就開始尋找適合自己的位置，換句話說，就是認

識自己。我們不妨說，這就是無常的命運給每一個人的考驗。醜小鴨最終明白自己是天鵝，牠通過了這個命運的考驗。而我們呢？無論是你們，還是我自己，我們找到適合自己的位置了嗎？我們知道自己是誰嗎？不著急，這個問題，可以用漫長的一生來回答。

說到這裡，可以推出關於這話題的《論語》原文，就是下面這段：

子曰：「不知命，無以為君子也。不知禮，無以立也。不知言，無以知人也。」

這段話的字面意思不難，我們可以直接翻譯出來，大致是這樣：

孔子他老人家說：「不懂得命運，就無法成為一個君子；不懂得禮，就無法在社會上立足；不懂得分辨言語，就無法了解他人。」

什麼叫「知命」，也就是「懂得命運」？這本來是個比較抽象的話題，但是聽了醜小鴨的故事以後，相信大家多多少少能懂得什麼是「命運」了：

無常的命運，就是外在環境加給你的便利或者限制，這是你無法選擇的。但是，命運還包括你與生俱來的天賦，這有待你自己去認識、發掘。認識自己的環境，了解自己的天賦所在，在世界上找到屬於自己的位置。我們不妨說，這就是「懂得命運」，就是「知命」。

那麼，「知命」是怎樣和「君子」連結起來的呢？可以回憶一下，孤立無援的醜小鴨，雖然難免自卑，但是當離開命運強加給自己的環境、離開不理解自己的人群的時候，牠是多麼堅定；牠飛向自己嚮往的天鵝，又是多麼決絕。他人的意見和眼光從來不能左右牠，更不能打垮牠。牠從來沒有失掉自己的主張，沒有忘記傾聽內心的聲音；做自己嚮往、喜歡的事情，不會因為艱苦而放棄。

我們曾這樣描述君子：君子看重的是自身內在修養的修煉，不在意外在的虛榮浮華。這裡說的「知命」，其實就是修煉的具體內容。醜小鴨面對與自己為敵的環境，從未放棄修煉自身、認識自我。甚至在得到大家承認的時候，牠也毫不驕傲。這樣的醜小鴨，從一開始就走在「知命」的道路上，從一開始就走在「君子」的道路上。

換句話說，面對命運，首先要做到知命，知道命運後呢？並不是認命，而是要透過自己的努力和修養，找到最適合自己的命運之路。這才是《論語》裡的這句話要告訴我們的道理。

這段關於「知命」的討論，是《論語》全書的最後一段，也可以理解為是對孔子學說的一個簡要總結。

故鄉的少年們

【原文】子在陳，曰：「歸與！歸與！吾黨之小子狂簡，斐然成章，不知所以裁之！」

【出處】《論語．公冶長》

【釋義】孔子在陳國，說：「回去吧！回去吧！我故鄉的那些年輕人，胸懷大志，學問卻還有所不足；身上各自都有引人注目的獨特光彩，如同一篇篇漂亮的文章。我真不知道該怎樣指導他們啊！」

【理解】孔子說「不知所以裁之」，不妨理解為，在深入接觸學生之前，不應該事先設計好怎麼教，而是應該「因材施教」，根據學生的實際情況來決定怎麼教他們。

削足適履

【原文】夫所以養而害所養，譬猶削足而適履，殺頭而便冠。

【出處】《淮南子．說林訓》

【釋義】鞋小腳大，就把腳削去一些以適應小鞋。比喻過分遷就現成條件，或生搬硬套。

【擴展】希臘神話中有個開黑店的土匪叫普羅克瑞提斯。他有一張床，讓客人躺上去：如果客人身高超過床的長度，他就把客人截短；如果客人身高不夠，他就把客人拉長。這個做法類似「削足適履」。

進之和退之

【原文】公西華曰：「由也問：『聞斯行諸？』子曰：『有父兄在。』求也問：『聞斯行諸？』子曰：『聞斯行之！』赤也惑，敢問。」子曰：「求也退，故進之；由也兼人，故退之。」

【出處】《論語．先進》

【釋義】公西華說：「仲由問『聽到了就去做對嗎』，老師說『有父親和兄長在上』；而冉求問同樣的問題，老師卻說『聽到了就去做』。這我就不明白了，想請教老師。」孔子說：「冉求這個人總是退縮，所以要拉他向前；而仲由呢，一個人要做兩個人的事，所以要拖住他一點。」

【理解】把人往某個「基本要求」的方向培養之餘，每個人依然可以發展自己的個性。所以，不能總是照著某個模式來培養人。

舉一反三

【原文】子曰：「不憤不啟，不悱不發；舉一隅不以三隅反，則不復也。」

【出處】《論語．述而》

【釋義】孔子說：「倘若學生沒有努力地去想一個問題卻想不通，就不去啟發他；倘若還沒有很想使勁說卻說不出來的時候，就不去疏導他。教他一個方面，倘若他自己推不出其他三個方面，就不用再教他了。」

【理解】舉一反三是說，從事物的一個方面，可以自己推出其他方面；形容理解力強，善於類推，由此及彼。孔子的一個教育原則是：學生對於所學的領域，既需要有主觀能動性，肯努力；又需要有一定的天賦，能舉一反三。倘若不具備這兩個條件，老師就不教他了。這也是對每個學生獨特個性的保護，就是不違背學生的個性和喜好、強行灌輸知識，以免耽誤學生找到適合自己的位置。

知命與君子

【原文】子曰：「不知命，無以為君子也。不知禮，無以立也。不知言，無以知人也。」

【出處】《論語．堯曰》

【釋義】孔子說：「不懂得命運，就無法成為一個君子；不懂得禮，就無法在社會上立足；不懂得分辨言語，就無法了解他人。」

| 本講重點 |

【理解】認識自己的環境，了解自己的天賦所在，在世界上找到屬於自己的位置，這就是「懂得命運」，就是「知命」。這段話是《論語》全書的最後一段，可以理解為對孔子學說的一個簡要總結。

第十五講

未知生，焉知死

之前有說過，在「天地」這一篇，我們會討論一些相對更高、更遠的東西。所以，今天想和大家討論一個看上去似乎離我們非常遙遠，或者我們不太會注意的主題，就是「生死」，也就是「生」和「死」。

孔子是怎樣看待「生死」的？我們從一段《論語》原文說起吧。這段話是這樣的：

> 季路問事鬼神。子曰：「未能事人，焉能事鬼？」曰：「敢問死。」曰：「未知生，焉知死？」

這個季路，就是子路。他姓仲，名由，字子路，又字季路。

「事」，意思是對待、照料、往來，可以簡單理解成「打交道」。子路向老師請教怎樣跟鬼神打交道，而老師說：「未能事人，焉能事鬼？」這裡單說一個「鬼」字，其實已經把「鬼神」都包括在裡面了。「敢問」，意思就是大膽地問、冒昧地問，「敢」表示謙虛的語氣。這段話的字面意思不難，可以先翻譯出來，大致是這樣：

子路向孔子請教怎樣跟鬼神打交道。孔子說：「倘若你還不會和人打交道，怎麼能和鬼神打交道呢？」

子路又說：「那麼我再冒昧地請教，該怎樣理解死亡？」孔子說：「倘若你還不理解生活，怎麼能理解死亡呢？」

我們先從第一段問答說起。

古人關心怎樣和鬼神打交道。我們作為現代人，如果不喜歡說「鬼神」，不妨把這裡的「鬼神」理解成人類難以駕馭的各種力量，包括大自然的力量等，道理也都是相通的。

孔子對子路說：「倘若你還不會和人打交道，怎麼能和鬼神打交道呢？」我們不妨從這句話推出：當你知道怎樣和人打交道之後，才有能力知道怎樣和鬼神打交道。孔子對子路的這番教導，意思就是讓他從身邊和自己最接近的事情做起，在待人接物和日常生活當中修煉自己、領會人生。這道理不僅僅包括之前講過的「活在當下」，而且還包括「循序漸進」：從身邊、日常的道理開始，舉一反三，逐漸擴大視野。這樣一步步地，你就有可能理解整個社會和大自然，乃至整個天地。

反過來也是一樣：從一個人對待鬼神的態度，我們可以大致推出他在日常生活中是怎樣和人往來、怎樣待人接物，因為「事人」和「事鬼神」本來就是一體。

說到這，舉個身邊的小事當例子。面對廟裡的菩薩，很多人會許願，求菩薩滿足自己的各種願望。有人會求發財，有人會求姻緣，有人會求自己的健康快樂、學業進步等等。求什麼，當然說明他最在乎什麼。

有一個小朋友，他拜了拜菩薩像，然後許了一個願望：「菩薩菩薩，我有一個願望，就是希望你能開心！」

大家想想看，這是不是挺有意思的？會讓我們浮想聯翩，忍不住去猜想這是個怎樣的孩子。無論腦海裡浮現出怎樣的畫面，我們總得承認，這多半是一個善良又無私、可愛又快樂的孩子，對吧？

由此可見，我們其實應該明白：所謂「事人」和「事鬼神」原本就是一體的，一個人怎樣對待鬼神，反映的就是他在日常生活中怎樣和人打交道、怎樣待人接物。

「未知生，焉知死？」也是同樣的道理：你對於生活的理解和你對於死亡的理解，原本就是一體的。一個人怎樣面對人生，在很

大程度上決定了他會怎樣面對死亡。

說到這裡，我想談談一位著名的歷史人物，他的名字叫李斯，曾經做到秦始皇的丞相。司馬遷在《史記・李斯列傳》中記載了他的整個人生。我覺得特別有意思的是，李斯在史書中初次登場時的一番心路歷程，以及他在臨死前說的一句話，這對於我們理解「生死」，或許有點幫助。

李斯出生於戰國時代末期，是楚國上蔡人，這個地方現在屬於河南省駐馬店市。年輕時，李斯在當地做一名小吏，相當於現在的小科員。有一次，他觀察到一件事：廁所裡面的老鼠，不光吃得不好，而且性格猥瑣，一有動靜就瑟瑟發抖；而糧倉裡的老鼠，不僅吃得多、住得寬敞，而且氣定神閒、大模大樣，沒有什麼好擔心焦慮的。於是，李斯得出這個結論：

「一個人有出息還是沒出息，就像這老鼠一樣，關鍵是要自己占據到好位置啊！」

於是，李斯就離開故鄉，拜荀卿為老師，學習帝王之術。這位荀卿是誰呢？就是大名鼎鼎的荀子，也是孔子學派的傳人。學成之後，李斯向老師辭行，說了這樣一番話：

「我聽說，一個人遇到機遇，千萬不可以錯過。如今秦王想要吞併天下，這就是像我這種平民出身的人的機遇啊！做人呀，最大的恥辱莫過於卑賤，最大的悲哀莫過於貧窮。生活在卑賤和貧窮當中，不知道振作、不求上進，這就跟行尸走肉沒什麼差別了。所以，我要到西邊的秦國去尋找我的機會。」

就這樣，李斯到了秦國，因為他確實很有能力，所以如願在秦國做了官，並且在秦國統一天下中發揮了重要作用。在此期間，李斯寫下一篇著名的文章叫〈諫逐客書〉，勸諫秦王要海納百川，勇敢任用來自各國的人才，不要把非秦國出生的人才趕走。秦王嬴政採納了李斯的建議。這可以說是李斯在歷史舞臺上的光榮時刻之一。這篇文采斐然、磅礡大氣的〈諫逐客書〉，大家有興趣可以去看一下。

秦國統一天下後，李斯在秦始皇身邊做到了丞相，可謂「一人之下，萬人之上」。那時候的李斯倘若回想起當初的心願：抓住時代機遇，向上攀登，占據好位置，做一個糧倉裡的老鼠，一定會覺得心願已經實現，意滿志得了吧？可是，當上丞相的李斯並不是那麼氣定神閒、無憂無慮。

接下來，他要面對各種尷尬和身不由己的選擇。

幾年後，秦始皇病死在出巡的路上。在宦官趙高的要挾下，李斯和趙高合謀假傳聖旨，廢掉原來的太子扶蘇，立胡亥為太子。胡亥繼位當了皇帝，就是秦二世。當時李斯為了迎合上意，給秦二世寫了一篇叫〈行督責書〉的文章，大意是說：好的君主應該有辦法駕馭群臣，使自己不受任何約束，這樣才能享受到極致的樂趣。

你們看，這算什麼道理啊？有這樣勸皇帝的嗎？所以這明顯是一篇諂媚的文章。李斯的見識當然不至於卑劣到這個地步。可以說，那時候的李斯為了保住自己的地位，已經顧不上顏面問題。

秦二世繼位後，因為安全感不足，一方面在趙高的建議下暴虐地誅殺自己家族的人，免得他們威脅到自己的皇帝寶座；另一方面，濫用民力，把人民推向苦難的深淵。於是，各地反抗秦朝的起義風起雲湧。到這時候，李斯還是比較清醒的，但是他上書勸諫秦二世對百姓好一點，已經根本沒有用了。秦二世對李斯的上書十分惱怒，就把李斯逮捕入獄。最後，在趙高的陷害下，李斯反倒為一切壞事「背鍋」。他受不住嚴刑拷打，被迫承認謀反。在秦二世登基的第二年，李斯和整個家族的人，在咸陽市被當眾腰斬。「腰斬」是一種非常殘酷的刑罰，就是將人從腰部斬斷。

臨死前，李斯的最後一句話是對一同被問斬的兒子說的，原話是這樣：「吾欲與若復牽黃犬，俱出上蔡東門逐狡兔，豈可得乎！」

這句話翻譯出來，就是：「我想和你一起，再次牽著黃狗到上蔡城的東門外去打獵，追趕野兔，但這又怎麼能辦得到呢！」

大家可以仔細想想這句話，還有那個痛徹心扉的情境，然後揣摩一下李斯面對死亡時的心情。

我們說，一個人怎樣面對人生，在很大程度上決定了他會怎樣面對死亡。李斯在史書中登場時用老鼠做的那個比喻，以及他辭別老師時說的一番話，其實可以理解為是司馬遷對李斯整個人生的概括：抓住時代機遇，占據好的位置，並且努力保住自己的地位。而在經歷過波瀾壯闊、大起大落的一生之後，李斯的臨終感言，卻是回憶起在故鄉上蔡的日子：當時他還是一個沒見過大世面的年輕人，帶著兒子打獵，享受著單純的快樂。

此時此刻，他有沒有對自己的一生有過些許質疑？有沒有感到自己當初的人生觀有那麼一點點缺憾？

在我看來，此時此刻，假如李斯的人生可以重來一遍的話，年輕的他應當還是會毫不猶豫地離開故鄉，離開安逸卻閉塞的生活，到廣闊天地當中去闖蕩一番。但是，假如在他的人生觀中，除了追求出人頭地、富貴發達之外，還為當初單純的快樂保留一點小小的位置，那麼他以後的人生選擇，會不會有一點不同呢？

他有沒有可能像第四講說的「知進退，懂取捨」？這樣的話，他在面對死亡的時候，是不是就可以坦然自若、無怨無悔，或是起碼少一些遺憾和悲傷？

這些問題，都沒有現成的答案。但是思考這些問題，都是有意義的。這樣的思考，會在不經意中影響我們的人生，影響我們如何面對死亡。

當我們經歷更多、感受更多之後，就會對一些人生的終極問題看得更開、看得更透徹，例如生死問題。可能有些人會說：現在想這個是不是太早了點？也沒錯。但是，有時候適當地去思考一些關於人生的終極問題，對自己開闊思路、提高見識、拓寬眼界，還是會有幫助的。

我們說，要讀萬卷書、行萬里路，就是為了理解更多的人生和更廣闊的天地。希望這本書也能在這方面給大家一點小小的幫助。

本講重點

未知生，焉知死

【原文】季路問事鬼神。子曰：「未能事人，焉能事鬼？」曰：「敢問死。」曰：「未知生，焉知死？」

【出處】《論語．先進》

【釋義】子路向孔子請教怎樣跟鬼神打交道。孔子說：「倘若你還不會和人打交道，怎麼能和鬼神打交道呢？」子路又說：「那麼我再冒昧地請教，該

本講重點

怎樣理解死亡？」孔子說：「倘若你還不理解生活，怎麼能理解死亡呢？」

【理解】古人關心怎樣和鬼神打交道。我們作為現代人，不妨把這裡的「鬼神」理解成人類難以駕馭的各種力量，包括大自然的力量等。「事人」和「事鬼神」本來就是一體的，一個人怎樣對待鬼神，反映的就是他在日常生活中怎樣和人打交道、怎樣待人接物。同樣地，你對於生活的理解和你對於死亡的理解，原本就是一體的。一個人怎樣面對人生，在很大程度上決定了他會怎樣面對死亡。

東門逐兔

【原文】「吾欲與若復牽黃犬，俱出上蔡東門逐狡兔，豈可得乎！」

【出處】《史記．李斯列傳》

【釋義】同成語「東門黃犬」，現在主要是用來形容當官以後遭到禍害，後悔沒有及早脫身。

第十六講

洗個澡，吹吹風

終於到我們的最後一講了。首先，還是想感謝大家能堅持讀到這裡。一路走來，我們以《論語》為線索，已經遊覽了古今中外，見識了時空的浩瀚和大自然的無盡寶藏。我們和孔子他老人家以及他的諸位弟子，一起討論學習、做人和做事。我希望，這些鮮活的形象依然留在你們的記憶中，成為你們隨時可以親近的朋友，陪伴你們度過未來的人生。

現在，就讓我們回到最初，回到春秋末年那個風雲動盪的時代。我們將在那個時代截取一小段時空，暫時地遠離那刀光劍影和鼓角錚鳴，和幾位老朋友、新朋友一起，沐浴著和平的陽光，談談人生、談談理想，感受一下孔子他老人家和弟子們的日常。這一小段時空，當然早已被保存在《論語》裡面。這也是《論語》中最長的一篇，我們來一段一段講解吧。

子路、曾晳（ㄒㄧ）、冉有、公西華侍坐。

這裡有四位孔門弟子。頭一位，姓仲，名由，字子路，又字季路。第二位，在本書中是頭一次亮相：曾皙，姓曾，名點，字皙。所以在後面的對話中，孔子稱呼他為「點」。這位曾皙先生的兒子，就是大名鼎鼎的曾參，即在前文多次出場的曾子。第三位，姓冉，名求，字子有。第四位，姓公西，名赤，字子華。這兩位在前面都已經出現過了。

這頭一句，我們這樣翻譯：

子路、曾皙、冉有、公西華四位弟子陪孔子坐著。

下一段，孔子說話了：

子曰：「以吾一日長（ㄓㄤˇ）乎爾，毋吾以也！居則曰：『不吾知也！』如或知爾，則何以哉？」

「以吾一日長乎爾，毋吾以也」意思是，我雖然年紀比你們稍微大，但你們不要因為這樣而不好意思，不敢暢所欲言。「居」，意思就是「平日裡」。「不吾知也」，意思是「別人不了解我啊」。「如或知爾」，就是「假如有人了解你們」。

我把這一段翻譯出來，大致是這樣：

孔子說：「我雖然年紀比你們稍微大，但你們不要因為這樣而不好意思，不敢暢所欲言。平日裡，你們會說：『別人不了解我啊！』那麼，假如有人了解你們，請你們做事，你們會怎麼辨呢？」

你們看，孔子鼓勵大家暢所欲言，抒發自己的志向，其實也包含著一層委婉的教導：作為一個君子，與其抱怨別人不了解自己，不如多想想自己值得讓別人了解的真本事在哪裡。

我們來看看，大家是怎樣回答的。頭一個回答的就是子路：

子路率爾而對曰：「千乘（ㄕㄥˋ）之國，攝乎大國之間，加之以師旅，因之以饑饉，由也為之，比（ㄅㄧˋ）及三年，可使有勇，且知方也。」

夫子哂（ㄕㄣˇ）之。

這裡的「率爾」，意思是輕率、不假思索。「千乘之國」，意思是擁有一千輛戰車的國家，屬於春秋時期的中等諸侯國。孔子的故鄉魯國就是這樣的國家。「攝乎大國之間」，意思是被各個大國圍繞、形勢局促。「師旅」指軍隊，而「饑饉」當然指災荒。「比及」，意思是「等到」。「有勇」，指民眾勇敢。「知方」，就是懂得道義。「哂」，就是微微一笑。

我把這段話翻譯出來，大致是這樣：

子路不假思索地回答說：「一千輛兵車的國家，局促地被幾個大國圍繞，國外有軍隊侵犯，國內又有災荒困擾。假如讓我仲由去治理，那麼三年以後，就可以讓它的民眾勇敢，並且懂得道義。」孔子聽了，微微一笑。

你們看，子路是不是有點「恰同學少年，風華正茂；書生意氣，揮斥方遒」的味道？至於孔子的微微一笑，是什麼意思呢？下面會有解釋。接下來，孔子問冉有：

「求，爾何如？」

對曰：「方六七十，如五六十，求也為之，比及三年，可使足民。如其禮樂，以俟（ㄙˋ）君子。」

這裡的第一個「如」，意思是「或者」。「方六七十，如五六十」，就是指縱橫六七十里或五六十里的小國。「俟」，意思是「等待」。

這段話翻譯出來，大致是這樣：

孔子問：「冉求！你怎麼樣？」冉有回答說：「縱橫六七十里或五六十里的小國家，我冉求去治理，三年之後，可以使人人富足。至於禮儀、音樂這樣高端的事，就要等比我能耐更大的君子來完成了。」

冉有的回答，就比子路要低調不少。接下來，孔子問公西華：

「赤，爾何如？」

對曰：「非曰能之，願學焉！宗廟之事，如會同，端章甫（ㄈㄨˇ），願為小相（ㄒㄧㄤˋ）焉。」

這裡的「宗廟之事」，指祭祀。「會同」，就是外交盟會。「端章甫」中的「端」，指禮服；「章甫」，就是禮帽。「相」，就是司儀，也就是現在的主持人。

這段話翻譯出來，大致是這樣：

孔子問：「公西赤！你怎麼樣？」公西華回答說：「我能耐不大，願意學習。假如有祭祀的事情，或者外交盟會，我願意穿上禮服、戴上禮帽，當一個小小的司儀。」

公西華比冉有還要謙虛。最後，孔子問曾皙：

「點，爾何如？」

鼓瑟希，鏗（ㄎㄥ）爾，舍瑟而作。對曰：「異乎三子者之撰（ㄓㄨㄢˋ）！」

大家或許還記得，「瑟」是一種樂器。我們在《有故事的論語〔學習．處世篇〕》的第十七講說過，子路也演奏過這種樂器。「鼓瑟希」，是說在孔子和其他學生對話的時候，這位曾皙先生一直在演奏瑟，聽到老師喊自己，瑟聲就逐漸稀落下來。「鏗爾，舍瑟而作」，意思就是「鏗」一聲把瑟放下，站起身來。「撰」，意思就是講、陳述。

這段話翻譯出來，大致是這樣：

孔子問：「曾點！你怎麼樣？」皙演奏瑟的聲音逐漸稀落下來，「鏗」一聲放下瑟，站直身子，說：「我的志向，和前面三位講的可不一樣。」

你們看，這個曾皙還會埋伏筆，話不講全，把我們的好奇心都吊起來了。他的志向為什麼不一樣呢？我們繼續看下去：

子曰：「何傷乎？亦各言其志也。」

曰：「莫（ㄇㄨˋ）春者，春服既成，冠者五六人，童子六七人，浴乎沂（ㄧˊ），風乎舞雩（ㄩˊ），詠而歸。」

夫子喟（ㄎㄨㄟˋ）然嘆曰：「吾與（ㄩˋ）點也。」

「何傷乎？」意思是「有什麼關係呢？」。這裡的「莫」通「暮」，「暮春」是春光正暖的時候。「冠者」，指成年人。「沂」，是魯國一條河流的名字。「舞雩」呢，是水邊的高臺。「詠」，就是唱歌。「喟然」，形容嘆氣的樣子。「與」，意思是贊同。

這段文字挺有詩意的，翻譯出來，大致是這樣：

孔子說：「有什麼關係呢？正是要各人說說自己的志向啊。」曾皙說：「春光正暖的時候，春天的衣服才穿上身。我想陪著五六個成年人、六七個小朋友，在沂水中洗個澡，在舞雩臺吹吹風，一路唱著歌回來。」孔子長嘆一聲說：「我贊同曾點啊。」

故事還沒完，還有下文。

三子者出，曾皙後。曾皙曰：「夫三子者之言何如？」

子曰：「亦各言其志也已矣。」

曰：「夫子何哂由也？」

曰：「為國以禮，其言不讓，是故哂之。」

這一段意思不難，可以直接翻譯出來，大致是這樣：

子路、冉有、公西華三個人都出去了，曾皙後走。曾皙問孔子：「這三位同學說的話怎樣？」

孔子說：「就是各自說說自己的志向罷了。」

曾皙問：「聽了仲由說的話，老師您為什麼微微一笑？」

孔子說：「治理國家，要懂得禮讓。仲由說話一點也不謙虛，所以我笑了。」

我覺得，孔子多半也是笑子路躊躇滿志、躍躍欲試的樣子很可愛。所以，雖然覺得謙虛一點更好，孔子也沒有當面批評子路。

另外，不知道大家發現沒有，這個曾皙，其實是個表面雲淡風輕、實際上非常好學也很厲害的學霸。為什麼呢？老師和別的同學對話的時候，他雖然在演奏樂器，可是什麼話都聽進去了，就連老師笑了一笑他都觀察得一清二楚。別的同學都走了，他還留下來單獨請教。

遇到這樣的學霸，大家就要注意了。他說，「我這個人沒有什麼大志，就喜歡和大家一起洗個澡，吹吹風，一路唱著歌回去」，你們要不要完全當真呢？這是值得思考一下的問題。當學生時，班上的學霸每次考試前都說：「哎呀，我都沒怎麼複習，看了一下電視就睡了。」可每次考完他的成績都很好。他的話，你們可不能全都相信啊！

我們來把這篇《論語》讀完：

「唯求則非邦也與？」

「安見方六七十如五六十而非邦也者？」

「唯赤則非邦也與？」

「宗廟會同，非諸侯而何？赤也為之小，孰能為之大？」

對這一段有兩種理解：第一種是理解成曾皙問，孔子回答；第二種是理解成孔子自問自答。我取的是第二種理解：孔子自問自答。先把這段話翻譯出來：

「難道冉求說的不是國家嗎？」

「縱橫六七十里，或五六十里，怎見得就不是國家呢？」

「難道公西赤說的不是國家嗎？」

「有祭祀，有外交會盟，這不是國家又是什麼？如果公西赤只做小司儀，那誰來做大司儀呢？」

孔子透過自問自答，表達了這樣的意思：冉有、公西華和子路一樣，都是有志於為社會、為國家做事。只不過冉有和公西華這兩位說話謙虛低調，不把話說滿。實際上，這兩位的能耐不止是他們說的那個程度。

由此可見，對於每一位弟子，孔子他老人家都真心地讚許並且喜愛。那麼，他為什麼特地說了一句「吾與點也」呢？

對於這個問題，每個人都可以有自己的理解。而且，隨著大家年齡的增長、閱歷的增加，將來重讀這一篇《論語》，你的理解也會有所不同。我就說說我個人的兩點理解吧。

第一，在溫暖的春光下洗澡、吹風、唱歌，一個人要真心地喜愛並且享受這樣單純的快樂，既容易，也不容易。你得做到俯仰天地、問心無愧。

第二，假如你進入社會去做事，心裡最好想清楚，什麼是你必須守護的。假如你在心底為這樣一份單純的快樂保留了位置，就會有清楚的底線，這個底線能幫助你懂取捨、知進退。

我們的最後一講到這裡就要進入尾聲了。可能有些人會問：饅頭大師，你為什麼會選這一段作為最後一講呢？其實沒有什麼特別的原因，如果有的話，就是兩個吧。

第一個原因是，這段講的是各位孔門弟子談自己將來的理想和志向。雖然孔子對他們各有評價，但從小有自己的理想和志向，是一件非常好的事，我希望你們能透過這本書，在對《論語》有一個初步了解之後，也對一些學習方法、品格的養成、處事方式，乃至人生的道理，都有一些感悟。在這個基礎上，我希望你們能慢慢有一個對自己未來的規劃，甚至是理想和志向，希望你們今後都能成為一個對家庭、對朋友負責的人，對社會、對國家有用的人。

如果能夠如此，是最讓我感到榮幸和寬慰的一件事。

第二個原因是，我很喜歡那種一個老師、幾個學生坐在一起輕鬆聊天的場景。我們一路相伴而來，有時候我腦海裡浮現的，就是這樣一幕場景。我不敢說我是大家的老師，但希望大家能把我看成你們的朋友，或者叫我一聲「饅頭叔叔」也行。

好了，還是要回到告別的時刻了。有句話叫「天下沒有不散的宴席」，我們的論語故事到這裡就告一個段落了。

我想說的是，《論語》的世界博大精深，這本書對《論語》的學習，只是給《論語》的世界掀開了窗簾的一角，連打開一扇窗都算不上。我更希望的是，大家能透過這本書，對《論語》產生興趣，自己去做更多的探索。相信我，你不會失望的。

回到曾經學過的那句話：莫愁前路無知己，天下誰人不識君！

天地篇總結

「天地篇」全部完結了。

從某種意義上說，無盡的時間，加上無限的空間，就是我們生活在其中的整個宇宙。中國的古人，剛好就是這樣理解宇宙的，正所謂「上下四方曰宇，往古來今曰宙」。「大江東去，浪淘盡，千古風流人物。」奔流的江水會讓我們聯想到時間的流逝，而孔子他老人家站在大河邊的感嘆，正是把時間比作日夜不停息的河水：「逝者如斯夫！不舍（ㄕㄜˋ）晝夜。」流逝的時間長河淘洗著世間的一切，紅顏易老，名將不知不覺白了頭。然而，我們可以把自己的生命融入時間，「不舍（ㄕㄜˇ）晝夜」，隨著時間一起奔騰向前。「怕什麼真理無窮，進一寸有一寸的歡喜。」以上，就是第十一講的內容。

和蒼茫浩瀚的無限時空相比，個人的人生實在是太渺小、太短暫了。但是既然來過這個世界，人總想要留下些痕跡，希望這痕跡作為自己有限人生的延長，能夠代替自己跨越盡可能廣闊的時空。所以，「君子疾沒世而名不稱焉。」就是我們第十二講的話題。

管仲憑著自己的功業名垂青史，並在一百多年後獲得孔子「如其仁」的肯定。當然，管仲以及我們每一個普通人，都帶著各自的弱點、迷茫來到這個世界。正如每一個小水滴都參與了奔騰到海的浩蕩洪流，我們每一個人都在不經意中參與著歷史進程，都在這個意義上走過世界，並且留下痕跡。人的弱點固然很難完全避免，但是每一次的改正和進步都值得欣喜，並且具有深遠的意義。「莫愁前路無知己，天下誰人不識君。」

在第十三講，我們把目光轉向大自然。「天何言哉？四時行焉，百物生焉，天何言哉？」大自然是個無窮無盡的寶藏，不僅一直滋養著人類，而且給我們提供了豐富的學習素材。古人會拿自然現象進行類比，幫助我們更理解人世間的道理。例如「為政以德，譬如北辰，居其所而眾星共之」。仁德而智慧的人親近山水，動靜皆宜，健康快樂。正如孔子所說：「知者樂水，仁者樂山；知者動，仁者靜；知者樂，仁者壽。」古代中國和古希臘、古羅馬的對比告訴我們，自然環境對於塑造人、塑造文明，有多麼巨大的作用。

出生環境也好，與生俱來的天賦和弱點也罷，這些都是偶然的命運送給我們的禮物，我們無法選擇、無法掌控。面對這份命運贈予的禮物——對每個人都是獨一無二的人生起點——我們可以做些什麼呢？這是第十四講的主題。

在人生道路上，老師提供的幫助是重要的。孔子想起故鄉那些胸懷大志、生機勃勃的年輕人，自認為「不知所以裁之」，這是因為，在深入接觸學生之前，不應該事先設計好怎麼教，而應該「因材施教」。「不憤不啟，不悱不發；舉一隅不以三隅反，則不復也。」這是孔子的教育原則之一。是注意保護每個學生的獨特個性，不違背學生的個性和喜好，不強行灌輸知識，以免耽誤學生找到適合自己的位置。「不知命，無以為君子也。」認識自己的環境，了解自己的天賦所在，在世界上找到屬於自己的位置——這就是「懂得命運」，就是「知命」。當每個人都在屬於自己的位置，就能體驗到釋放天性、發揮才智的快樂。

在第十五講，我們稍微談了一下「生死」這個話題。孔子說：「未知生，焉知死？」你對於生活的理解和你對於死亡的理解，原本就是一體的。一個人怎樣面對人生，在很大程度上決定了他會怎樣面對死亡。

在第十六講，我們借《論語》中保存的一小段時空，感受了孔子和弟子們的日常。幾位弟子都表達出為國家、為社會做事的理想，而曾皙的理想是「浴乎沂，風乎舞雩，詠而歸」。孔子贊同曾皙，說「吾與點也」。《論語》中的這篇意味深長，各位可以常讀常新。

附錄

本書主要的孔子弟子

·顏回

顏回（西元前五二一年至西元前四八一年），曹姓，顏氏，名回，字子淵，魯國人，春秋末期魯國思想家，孔門七十二賢之首，儒家五大聖人之一。

十三歲拜孔子為師，是孔子最得意的門生。孔子對顏回稱讚最多，贊其好學仁人。他比孔子小三十歲，但卻比孔子先去世。

歷代儒客文人學士對顏回推尊有加，尊稱他為「復聖」。

·曾參

姒姓，曾氏，名參，字子輿，魯國南武城人。曾參是孔子晚年收的弟子，也是孔子最有成就的弟子之一，參與編寫了《論語》，後世稱他為「曾子」。

他還寫了《大學》，這是古代著名的討論教育理論的著作。《大學》、《論語》、《孟子》、《中庸》，合稱「四書」，就是「四書五經」的四書。曾參其實也有很多名言，例如我們知道的一些語錄「修身、齊家、治國、平天下」，「吾日三省吾身」，「任重而道遠」等。

・子路

姓仲，名由，字子路。他的年紀只比孔子年輕九歲，是孔子比較早期的弟子，也是孔門七十二賢之一。

根據《史記》記載，年輕時的子路不算是一個好青年，性格剛強直爽，是孔子用道理教化了他，收為了弟子。

子路非常勇敢，又孔武有力，成為弟子後便一直忠心耿耿地追隨、保護孔子。

關於子路，還有一個著名的成語，叫作「四體不勤，五穀不分」。

・子貢

複姓端木，名賜，字子貢。是孔子門徒中最出色的人之一，也是當時的頂級富豪，還擔任過衛國和魯國的宰相。

《論語》原文中，孔子曾這樣評價子貢：「賜不受命而貨殖焉，億則屢中。」意思就是：「子貢這個人啊，能夠突破自己先天條件的限制。他做生意，預測、判斷各種貨物的行情，總是八九不離十。」

孔子逝世後，子貢非常悲痛，一個人在孔子墓前居住了六年，為他守墓，是非常重感情的人。

子貢會做生意是很有名的，現在生意場上有句話叫「端木遺風」，說的就是子貢，因為他姓端木，這句話是說他創立講誠信的做生意方式。

・冉求

字子有，通稱「冉有」，尊稱「冉子」，魯國人，周文王第六子曹叔振鐸的嫡裔。春秋末年著名學者，孔門七十二賢之一。多才多藝，尤擅長理財，也有政治才華。曾經說服魯國的大臣季康子迎回在外流亡十四年的孔子。

國家圖書館出版品預行編目（CIP）資料

有故事的論語. 修養.天地篇：愈讀愈懂,這些千古金句背後的道理/張瑋, 饅頭說團隊著. -- 初版. -- 臺北市：日出出版：大雁文化事業股份有限公司發行, 2021.09
272面；15*21公分
ISBN 978-986-5515-99-7(平裝)

1.論語 2.通俗作品

121.22　　110014532

有故事的論語〔修養・天地篇〕：
愈讀愈懂，這些千古金句背後的道理

作　　者　張瑋・饅頭說團隊
責任編輯　夏于翔
協力編輯　王彥萍
內頁構成　菩薩蠻電腦科技有限公司
封面美術　謝佳穎

發 行 人　蘇拾平
總 編 輯　蘇拾平
副總編輯　王辰元
資深主編　夏于翔
主　　編　李明瑾
業　　務　王綬晨、邱紹溢
行　　銷　曾曉玲
出　　版　日出出版
地址：10544臺北市松山區復興北路333號11樓之4
電話：02-2718-2001　傳真：02-2718-1258
網址：www.sunrisepress.com.tw
E-mail信箱：sunrisepress@andbooks.com.tw
發　　行　大雁文化事業股份有限公司
地址：10544臺北市松山區復興北路333號11樓之4
電話：02-2718-2001　傳真：02-2718-1258
讀者服務信箱：andbooks@andbooks.com.tw
劃撥帳號：19983379　戶名：大雁文化事業股份有限公司
印　　刷　中原造像股份有限公司
初版一刷　2021年9月
定　　價　420元
I S B N　978-986-5515-99-7

原書名：《寫給孩子的論語課》